나는
사회복지사로
살기로 했다

- 사회복지 Q&A 153 -

저자 최형묵

하야BOOK

아동과 청소년들의
교육과 복지를 위해
수고하시는
선생님들과 함께

❶	❷
❸	❹
❺	❻

❶ 행복한집 자녀들
❷ 명예지역아동센터장이 되어주신 이주예 아나운서
❸ 걸음마다 향기 일본편
❹ KT지사와 함께
❺ 책을 기부해주신 박채정 작가
❻ 에듀윌 대표이사님과 쌀 나눔행사

❶	❷	❸
❹	❺	
❻	❼	

❶ 감사잔치에 축사중인 이성 구로구청장님
❷ 사랑밭과 협약식
❸ 작가님의 작품기증
❹ 행복한 사람들 직원들과 함께
❺ 후원받은 인형들
❻ 후원받은 CD 학교에 전달
❼ 보건복지부 장관 표창장 수여식

저자 **최형묵**

    답답함과 놀라움으로 어찌할 바 모르며 발을 동동 구르는 듯한 상황 앞에 놓여진 많은 분들의 질문에 답변을 드리면서 순간 나의 심장은 더욱 크게 두근거리고 있었습니다. 때로는 친구의 유혹이나 호기심으로, 부모의 학대로부터 가출하는 10대에게 답변할 때는 한 사람의 부모로서 사죄하고 싶은 미안함과 부끄러움이 내게도 밀려왔습니다. 가정이 해체되면서 자녀를 위탁이나 시설에 입소, 때로는 입양을 보내야만 하는 현실에 놓인 분들에 대한 상담은 마음속에 눈물을 흘러내리게 하였습니다. 그러면서도 국가의 제도나 정책을 모르기에 국가의 지원을 받아야 함에도 불구하고 어려움에 처한 분들을 보면서 미력하나마 힘이 되어 드리고 싶었습니다.

    그래서 행복이라는 꿈을 꾸었습니다. 이렇게 지난 14년을 사회복지사로 살아왔습니다. 그리고 10대부터 60대까지 인터넷과 현장을 통해서 사회복지사를 꿈꾸는 사람들을 만나게 되었습니다. 사회복지사를 꿈꾸며 사회복지사로 살기로 한 이들을 위해 미력하지만 조금이라도 도움이 되길 바라는 마음으로 책을 펴냈습니다. 부끄럽지만 이 작은 책 속에 담겨진 분들의 이야기가 더 많은 사람들의 행복을 꿈꾸게 해주는 씨앗이 되기를 소망합니다.

나를 곁에서 지켜봐주시고 내민 손을 붙잡아 주셨던 수많은 분들, 그리고 그분들의 손길과 하나 된 우리들의 손길을 거쳐서 성인이 된 아동과 청소년들 모두 고맙고 감사합니다. 흠 많은 사람을 하나님과 사람들을 위해 지금까지 행복한 복지사로 사용해주신 주님께 감사와 영광을 돌립니다.

어려운 환경 속에서 늘 보호자처럼 지지와 격려를 보내준 천사보다 귀한 아내 김숙희 사모와 다음세대의 바턴을 이어갈 든든한 아들 요셉, 항상 기쁨을 주는 딸 같은 며느리 은희, 그리고 내가 항상 젊음을 유지할 수 있도록 만들어주는 복덩이 딸 지혜, 그리고 나를 나아주시고 늘 기도로 후원해주시는 어머니 정혜자 권사님, 나의 형제자매들인 천사의집 원장 명숙 누님, 교사요 화가인 둘째 동생 경묵, 기술사가 된 막내 동생 원묵 그리고 가족들 모두에게 감사를 드립니다. 또한 나를 나 되게 하신 예광교회 지체인 성도님들, 그리고 행복한사람들 가족 모든 분들께 마음깊이 감사를 드립니다. 마지막으로 글이 책이 되어 세상에 나오도록 심혈을 기울여준 하야 BOOK 대표 유성헌 목사님과 직원들의 공을 잊을 수 없습니다. 이 책의 수익금 일부는 사회복지시설에 쓰입니다.

부족하나마 이 책을 읽고 사회복지사로 살기로 한 모든 분들에게 주께서 축복하시길 기도하며, 그 분들을 이끌어주실 주님께 이 책을 바칩니다.

2018년 3월 기준으로 한국사회복지사협회가 발표한 자격증 발급 건수를 보면 977,222건으로 이른바 사회복지사 100만 시대로 달려가고 있습니다.

국가적으로는 매우 희망적인 현상이기는 하지만 자격증을 취득한 많은 분들이 향후 그들이 나아가야 할 복지현장에 대한 정보 부족으로 방향을 쉽게 정하지 못하고 있는 것이 현실입니다.

이런 상황을 감안할 때 재단법인 해피드림 최형묵 이사장님께서 집필한 '나는 사회복지사로 살기로 했다'는 자격증을 준비하는 분들과 자격증을 소지한 분들 가운데 특히 아동복지 분야에 관심이 있는 분들에게 좋은 길라잡이가 될 수 있을 것이란 확신이 듭니다.

목회자로서, 삶으로 복지를 실천하시던 중 대한민국의 대표적 아동복지 현장인 지역아동센터에 몸을 담고 헌신하신 집필자의 15년의 생생한 현장경험이 녹아진 길라잡이기 때문입니다.

2017년 12월 말 기준 전국 지역아동센터 4,128개소, 종사자 9,379명.

본서를 통해서 지역아동센터를 보다 더 깊이 이해하고 있는 사회복지사들이 아동복지 현장에서 함께 할 수 있기를 기대합니다.

(사)전국지역아동센터협의회 이사장 전병노

내가 필자를 만난 것은 17년 전으로 거슬러 올라갑니다.

당시는 작은 도서관 명칭을 사용하는 것이 낯 설은 상황이었습니다.

그 때 부터 공부방을 시작하더니 어느 날 확대하여 지역아동센터로 전환해서 운영하게 되었다는 소식을 듣게 되었고 지금까지 센터장으로써 최선을 다해오고 있습니다.

말 그대로 지역아동센터는 1980년대 이전 공부방으로 운영되어 오던 것이 2004년 법제화를 통해 2005년 1월부터 시행된 아동복지법에 근거한 이용시설인 복지시설입니다.

넉넉하지 않은 아동복지 현장인 지역아동센터에서 몸을 담고 헌신해온 필자의 삶을 통해 미래사회의 해답을 찾을 수 있다는 생각을 갖게 되었습니다.

필자는 작은 도서관에서, 지역아동센터로 확대되어 가는 모습을 보았습니다.

단체를 만들고, 소규모 보육원 형태의 공동생활가정을 만들어 나갔습니다. 지역아동센터는 주변의 협력자들을 통해 하나 하나 늘어 갔습니다. 지역아동센터도 기본적인 지역아동센터, 공립지역아동센터, 다문화 지역 아동센터 다양합니다.

  필자는 2007년에 이미 비영리 단체를 만들어서 활동해 왔으며, 다른 법인의 이사로 활동하고 있습니다. 구청에서도 각종위원회 위원으로 민·관 활동으로도 왕성하게 활동해오고 있습니다. 앞으로는 재단법인의 이사장으로서 국내·외의 역할도 기대해봅니다.

  필자는 신학과 행정을 전공하고, 사회복지 석사과정을 거쳐 사회복지 박사과정을 수료하여 사회복지사로서의 역량도 충분히 갖춘 전문가라고 생각합니다. 이번에 필자가 사회복지사 지망생들, 그리고 초보 사회복지사에게 그동안 나누었던 사례를 통해 사회복지를 쉽게 안내해주고자 책을 저술하게 되었습니다.

  필자의 저서 '나는 사회복지사로 살기로 했다'를 사회복지에 관심 있는 사람들에게 나침판이 되리라 의심치 않으며 기쁘게 추천해 드립니다.

(사)한국작은도서관 협의회 이사장 정기원

  지금은 핵가족시대에서 부부가 경제 활동하는 시대에 청소년교육문제가 매우 심각한 상황입니다.

  저는 청소년 교육위기로 더욱더 청소년 보호가 절실히 요구되는 때에 일찍이 수년전 노인복지에 관심이 많아서 사회복지대학 석사과정을 마치고 대학에서 강의도 하였고 노인요양원도 운영했었습니다.

  저자 최형묵 목사는 국가의 지원이 없던 시절 오래전부터 꿈과 비전을 품고 공부방을 운영해 왔습니다.

  그러다가 지난 2005년부터 저소득 아동. 청소년들을 위하여 꾸준히 지역아동센터장으로 지금까지 14년차 묵묵하게 일해 왔습니다.

  국가의 미래는 아동. 청소년이라는 사실은 누구나 다 잘 알고 있습니다. 특히 오늘날의 한국교회의 사회적 책임은 복지를 통한 나눔이 아닌가하고 자문해 봅니다.

  그런 면에서 저자는 아동복지를 모범적으로 운영하고 있는 점에 박수를 보냅니다.

  최형묵 목사님은 혼자가 아닌 '우리'라고 할 수 있는 주변 분들과 계속적으로 사회복지 영역을 확대해 나가게 되리라고 생각합니다.

  또한 구청장 표창장, 서울시장 표창장, 보건복지부 장관 표창을 수상한데

뒤이어 최형묵 목사가 시무하는 예광교회가 2018년 금년 처음으로 대한예수
교 장로회 합동총회에서 총회장상 표창장을 수상하는 영광을 누리게 되었습
니다.

저자는 사랑을 실천으로 몸소 보여준 탁월한 사회복지사입니다.

저자와 교제를 나누게 된 점에 대해서 매우 자랑스럽게 여기며, 그의 저서
'나는 사회복지사로 살기로 했다'를 사회복지사 지망자들에게 자랑스럽게 추
천하는 바입니다.

2018. 6. 25.
한국경찰문화신문 발행인 최석우

CONTENTS ━━━━━

PART 02 교재

PART 01

사회
복지
Q&A
153

1. 나의 꿈은 사회복지사

① 자원봉사자에 사회복지사가 들어가나요?

② 사회복지사 직업이 무엇인가요?

③ 자원봉사단체(초록우산, 유니세프 등등)에 들어가서 봉사하고 싶은데 자격증 같은 것이 필요하나요?(구체적으로) 정말 자세하게 알려 주세요.

A. 예비 고1 응원 합니다^^

① 자원봉사자에 사회복지사가 들어가나요? 자원봉사자는 전공과 무관하게 누구나 할 수 있습니다.

② 사회복지사 직업은 어떤 것입니까? 먼저 역할은 사회의 구성원인 개인과 지역사회를 복지적인 환경으로 만들어가는 사람입니다. 지역의 공공기관, 기업, 교육청, 주민센터, 후원자, 자원봉사자 등을 통해 지원이 필요한 사람 예를 들면 수급자, 차상위 가정, 한부모, 장애인, 노인, 아동 청소년, 다문화, 북한 이탈주민, 저소득 그리고 일반주민 등을 돕는 역할이라고 보면 됩니다. 당연히 정책, 법, 제도 등에 관심도

가져야 합니다. 직업으로는 사회복지공무원, 교수, 복지관, 복지센터, 복지시설(양육시설, 공동생활가정), 지역아동 센터 등에서 사회복지사로, 관장으로 일할 수 있습니다.^^

③자원봉사단체(초록우산, 유니세프 등)에 들어가서 봉사하는데 별도의 자격증은 필요 없습니다. 가능하다면 차후에 사회복지사 자격증은 필수로 갖추시기를 권합니다. 초록우산, 유니세프가 아니더라도 어느 곳에서나 봉사해 보기를 권합니다.

Q2. 안녕하세요. 사회복지사가 되고 싶어요. 순서대로 답변해주세요!
1. 가야하는 대학과 학과
2. 중요한 과목
3. 수학이 필요하나요??ㅠㅠ 수학은 진짜 못해먹겠어요. ㅠ

A. 잘하면 사회복지사 후배가 되겠습니다.

가야하는 대학과 학과는 2년제, 4년제 어느 대학이든 사회복지학과를 다니면 됩니다.

다만 입학 시 졸업 후 취득하는 자격증 등을 확인해 보기를 권합니다. 중요한 과목은 일반 배우는 과목이 다 동일하다고 봅니다. 그리고 고등수학은 하지 않아도 됩니다.

Q3. 제가 사회복지사나 사회복지 쪽이 꿈이어서 봉사활동을 한 달에 1번씩 가고 있는데 좀 더 많이 가서 한 달에 3번 이상 가는 게 더 좋을까요? 사회복지사가 되려면 고등학교 때 몇시간 정도 봉사하는 게 좋은지 알려주세요.

A. 한 달에 1번보다 더 갈 수 있다면 학업에 지장이 없게 2번까지도

가능하다고 봅니다.

봉사활동을 통해서 자신이나 상대방에게 어떤 변화가 일어나는지 점검도 해보기를 바랍니다.

Q4. 안녕하세요? 전 이제 고등학교 3학년이 된 학생인데요. 제가 지금 사회복지사 준비 중인데 영어를 많이 공부해야 하나요?

영어가 많이 필요로 할 것 같아서 지금 조금씩 2학년 때 봤던 영어랑 1학년 영어 책들을 보면서 다시 공부 조금씩 하고 있습니다. 이대로 계속 공부 하는 게 좋을까요? 어니면 다른 추천이 있으시면 알려주세요. 부탁드릴께요 그런데 제가 사회복지사 공부하는 법을 많이 봤는데도 잘 모르겠어서 영어 말고 또 다른 공부 해야 하는게 있으면 많이 알려주세요. ㅎㅎ답변 해주신 분들 중 많이 도움을 주신 분께 감사드립니다. ㅠㅠ 제가 꿈을 이제서 정해서 지금부터 시작하는 거라 많이 힘들지만 그래도 부탁드리겠습니다.

A 저는 16년차 사회복지시설을 운영 중인 시설장입니다.

영어는 기본 만해도 됩니다. 먼저 봉사활동을 추천하고 싶습니다. 동아리활동이나 정기적인 봉사활동이 우선적입니다. 사회복지사는 관계성이 중요합니다. 이번에 일본을 직원, 아동들과 함께 다녀왔습니다. 일어가 안 되니까 사회복지사가 영어로 대화를 하였습니다. 영어를 대화할 정도면 우수한 편입니다. 영어를 하게 되면 외국에 나갈 때도 기회를 얻게 되기에 강추합니다.

Q5. 올해 고등학생이 되는 여학생입니다. 중학교 1학년 때부터 장래희망이 사회복지사였고 지금도 여전히 사회복지사입니다. 하지만 이때까지의 3년은 그저 말만 사회복지사라고 하고 있는 것 같아 어찌할지 모르겠습니다.

① 고등학교 생활을 하는 동안 사회복지사가 되는데 도움이 될 만한 것들을

알고싶어요!(봉사활동 말고 다른 것도 알고 싶어요!)
② 최종학위를 고졸까지 찍고 학점은행제. 대학졸업이후 준비 중에 어떤 것이 더 효율적이라고 말을 할 수 있나요? 대략 이정도 입니다! 추가로 더 좋은 정보들이 있다면 더 가르쳐주세요!

A. 감사합니다. 봉사활동은 사회복지의 기둥입니다. 저는 직업으로써 사회복지사 일을 했다기 보다는 누군가를 위해 일하는 것을 기쁨으로 여겨 왔습니다. 그래서 2003년 무료 공부방을 시작하였고 봉사를 시작하였습니다. 그것이 계기가 되어 지역아동센터라는 사회복지를 전문으로 하기 시작하여 사회에 관심을 많이 가지게 되었습니다. 사회가 무엇을 원하는가라는 생각을 많이 가지게 되었습니다. 그리고 비영리단체, 공동생활 가정, 지역아동센터, 지역사회복지에 관심을 가지는 만큼 박사과정도 배우게 되어 이제는 사회복지 전문가가 되었습니다.

따라서 사회에 관심을 가지고 참여하는 것을 권합니다. 최종학위를 고졸까지 찍고 학점은행제로 준비하는 것과 대학졸업이후 준비 하는 것 어떤 것이 더 효율적이라고 말을 할 수 있나요?

대학은 세상으로 나가기 직전의 작은 사회입니다. 연습장인 셈이지요. 대학은 단순하게 4년이라는 기간만이 아니라 세상의 축소판이라고 봅니다. 대학에서 스승도 만나고, 평생 도움을 주고받을 친구도 만납니다. 추억과 기억이 있습니다. 이것은 에너지가 됩니다. 오래 준비된 사람은 장기전에 강합니다. 인생은 단기가 아닌 장기전 즉, 지구력이 필요합니다. 어떤 이는 대학은 아무것도 아니라고 합니다.

물론 대학을 나오지 않아도 성공한 사람은 많습니다. 그러나 그것은 보통사람들의 노력과는 비교할 수 없이 땀 흘린 사람들입니다. 질문자님이 복지 기관의 시설장이라고 한다면 학점은행제만 마치고 자격증만 있는 사람을 채용하겠습니까? 아니면 대학도 나오고 자격증 있는 사람을 채용하겠습니까?

참고로 우리 기관은 규모는 작지만 직원들 모두 2년제 대학, 4년제 대학, 대학원을 나온 사람들이 함께 근무하고 있습니다. 우리 기관을 방문해 보는 것도 좋겠다는 생각이 듭니다. 미래의 사회복지사에게 선배 사회복지사가 보내는 첫 번째 편지.

Q6. 최근 사회복지 쪽으로 관심이 가서 동아리도 사회복지동아리로 간 고1 여학생입니다. 그런데 부모님께 말씀드리니까 많이 걱정하시더라고요. 돈을 많이 벌지 못 한다고 생각하시는 것 같아요. 그리고 사회복지과는 문과로 가야 한다는데 전 이과로 가려고 하거든요.

그리고 전북대 사회복지과 가고 싶은데 성적이 어떻게 나와야 갈 수 있을까요? 진지하게 답변 부탁드립니다. 그리고 사회복지과에 대해서 자세히 말해주세요.

A. 전북대 사회복지학과에 대해서는 잘 모릅니다. 그러나 사회복지 학과에 대해서는 자세히 안내해 드릴 수 있습니다. 최근에 고령화 사회가 되어 가면서 연령이 많아져도 일할 수 있는 분야에 대해서 사람들이 특별히 관심을 갖게 되는 경향이 많습니다. 그러다 보니 사회복지를 많이 공부하는 추세입니다. 시대가 흐를수록 사회복지의 관심은 점차 늘어가고 있다고 봅니다.

Q7. 안녕하세요. 고등학교 3학년입니다. 사회복지 쪽에 관심이 많습니다. 5등급 초반인데 이쪽 분야로 대학을 가게 되면 좋은 곳에 취직할 수 있을까요?

질문1: 사회복지 분야에는 어떤 분야가 있나요?

질문2: 5등급 초반인데 전문대학에 입학하여 좋은 곳에 취직은 할 수 있을까요?

질문3: 어떤 일을 하는 곳인지 알려주세요.

질문4: 혹시 제가 원래 이과인데 사회복지 쪽으로 갈 수 있을까요?

A. 저는 현재 소규모 아동복지 시설장으로 일하고 있습니다.

사회복지 분야에는 아동, 장애인, 어르신, 다문화, 기관, 시설을 비롯해서 공무원 등 다양합니다. 전문대 나와도 가능합니다. 물론 지역에 따라서 다를 수 있습니다.

질문2에 대한 답변으로 저희 기관의 경우에는 공립 지역아동센터, 일반 지역아동센터, 공동생활 가정 등이 있습니다. 이곳에서 일하는 사회복지사에는 2년제 졸업자, 4년제 졸업자, 대학원 졸업자 등이 있습니다. 급여는 약간의 차이는 있지만 급여보다는 근무 환경이 더 중요하지 않을까요? 늦은 시간까지 힘들게 일하면서 많은 액수를 받는 것보다 적절한 시간 근무하고 적절한 액수의 보수를 받는 것이 유익하다는 생각을 하게 됩니다.

어떤 일을 하는 곳인지는 기관마다 대상의 차이는 있으나 돌봄이 필요한 약자를 지원하는 사업이라고 보면 맞습니다.

현재 이과여도 사회복지 쪽으로 일할 수 있습니다.

Q8. 초등학교 6학년입입니다 아빠가 사회복지 쪽에서 일해요. 엄마는 일 안하시고 계십니다. 1년 뒤면 중학교를 가잖아요. 그런데 저희 아빠가 센터 같은데 가시고 자주 옮기고 하는데 그럼 중학교 때 애들이 부모님에 대해서 물어 볼 것 같아요. 그런데 말하기 싫거든요. 사실 저희 아빠는 여성가족부에서 일해요. 좀 그렇죠. 그래서 중학교가면 걱정되는 게 더 많네요. 혹시나 애들이 직업 물어보진 않겠죠?

A. 친구들이 물어보면 어때요? 질문자는 여학생? 남학생? 나도 지역아동센터 센터장입니다. 지금까지 16년차 일하고 있습니다. 하다 보니 돕는 사람들과 함께해서 지금은 지역아동센터가 3개, 그리고 또 다른 기관들이 있습니다. 제 생각으로는 앞으로는 없어지는 직업이 많아

집니다. 그러나 사회복지사는 더욱 세분화되어서 전문화되는 전문가 직종이 될 것입니다. 저는 제 직업을 사회사업가라고 합니다. 언제든지 아버지와 우리센터에 방문하면 환영합니다. 아버지는 멋진 아버지입니다. 저도 질문자 같은 중1 딸이 있습니다.

Q9. 제 목표는 사회복지사가 되어 높은 연봉을 못 받아도 좋으니 꾸준한 급여로 65세까지 일하고 싶어요. 방법이 있나요?

저는 용인에 살고 있는 초등학교 2학년, 유치원 딸 둘을 두고 있는 39살 주부입니다. 남편의 갑작스런 사고로 앞으로 경제활동을 못해서 아내인 제가 이제 취업전선에 뛰어들어서 돈을 벌어야 하는 상황이 되었습니다. 저의 인생에 제일 힘든 터널을 지나고 있습니다. 앞으로 돈을 벌 수 없게 된 남편과 아직 어린 아이들. 직업을 갖고 싶어서 많은 고민을 했습니다. 아이들이 어려서 정시 출퇴근도 못할 상황이어서 지금 둘째아이가 초등학교 들어가는 1년 반, 2년 후에 취업을 목표로 지금 자격증이든 공부든 도전하려고 모든 정보를 알아보고 있습니다. 그래서 저의 인생관과 종교관과 제일 관련이 깊은 직업이 아무래도 사회복지쪽 일이겠다 싶어서 사회복지사에 관심을 갖고 몇 달 전부터 계속 알아보고 있습니다. 저는 대학교에서 컴퓨터공학관련과를 나와서 잠시 무역관련 일을 하다가 결혼 후 남편을 따라 해외에 다녀왔습니다. 근 10년을 나갔다 오니 저는 흔히 말하는 경단녀 축에도 못끼는 경력 없는 아줌마가 되어있었습니다. 자격증이라고는 대학 때 따둔 정보처리기사 자격증 과 면허증이 전부이고요. 그래서 사회복지분야에 자격증을 따야 취업이 되는 것인지 알아보고 있습니다. 서두가 길었습니다. 이제 취업을 하려다 보니 제일 큰 핸디캡이 39살 나이와 경력 없음 두 가지 더라구요. 그래서 이렇게 질문 드립니다.제 목표는 사회복지사가 되어 높은 연봉을 못 받아도 좋으니 꾸준한 급여로 65세까지 일하는 것이 목표입니다. 사회복지 분야에 중에서 분야를 가리지는 않지만 특히 장애인 복지관에서 일하고 싶은데, 그것도 제가 하고 싶다고 할 수 있는 것은 아니니까요.저는 종합복지관쪽으로 취업하고 싶은데 사회복지학과 전공자들 출신만 뽑아주고 저 같은 나이 많은 사람은 타 전공에 학점은행제를 통해 수업 듣고 자격증을 따야 하는데 학점은행제 출신은 장애인복지 쪽 공단이나 사회서비스 복지관 쪽은 배척하는 분위기라는 말을 인터넷 까페에서 본적이 있습니다. 그 다음 분야는 교정사회복지사가 되고 싶은데 그것은 법인 같은 단체도 아니고 나라에서 공무원처럼 뽑는 것 같고요 또 가능성이 더 희박해진 것 같습니다. 제가 40살이 다 된 늦은 나이에 사회복지사 자격증을 따서 계속 일할 수 있는 루트를 좀 자세히 알고 싶습니다.

A. 이제 40이니 충분히 가능하다고 봅니다.

그리고 길은 찾거나 만들어 가야 되겠지요? 먼저 인터넷 강의를 통해 자격증 취득이 우선 선행되어야 한다고 봅니다! 두 번째는 종합사회복지관, 장애인 복지관에서 근무하고자 하셨는데 사람마다 동일하지 않습니다. 타 전공이라 해도 기관의 필요에 따라서는 채용유무가 가려지기 때문입니다. 부득이 복지관만을 생각하기보다는 자활센터나, 아동복지 분야라 해도 자격증 취득 후 여기저기 응모해보는 것이 어떨지요? 복지관에서도 경험이 없는 사람보다는 경력자를 우선 채용할 수도 있습니다. 과거 10여년 전에 저희 지역아동센터에 근무했던 직원이 후에 복지관에 가서 일하는 경우도 있었습니다. 저 역시 직원을 채용한다면 무경력자 보다는 경력자를 우선 채용하는 경우가 많았습니다.

Q10. 사회복지사 2급자격증을 따려고 합니다. 4년제 사회복지전공하다 3학년에 그만둬서 학점은행제로 몇 과목만 이수하면 되는데요. 배운지 오래되어 기본개념을 다시 공부해야 할 것 같은데 어떻게 공부해야할지 모르겠네요. 처음부터 다시 이수해야하나요?

A. 이수한 과목은 제외하고 14과목 중 미 이수한 과목만 이수 하면

됩니다.

Q11. 저는 올해 27살 남자입니다. 어찌 하는 것이 좋을까요?

지금 알바를 하면서 사회복지사 취업 준비를 하고 있고요. 알바를 화요일 부터 금요일까지 주 4일 하고 월요일은 휴무입니다. 그래서 이번 주 월요일 에 사회복지 실습했던 지역 아동센터에 아이들이 보고 싶어서 다녀왔는데 월 요일마다 실습했던 기관에서 봉사를 하고 싶다는 마음이 자꾸 드는데요. 저의 고민은 정기적으로 매 주하고 싶은데 만약에 몇 주 하다가 취업이 된다면 어 쩌죠? 기관에서도 몇 주 봉사하다 관두면 별로 좋아하지 않을 것 같고ㅠㅠ 고 민이 큽니다. 어찌 하는 것이 좋을까요?

A. 먼저 후배님의 취업을 기원합니다. 자원봉사는 자신의 마음에서 비롯됩니다. 자신의 생계에 지장을 주면서까지 한다면 그것은 바람직 하지 않다고 생각합니다. 그 센터에서도 그 이상 기대하지 않는다고 보 셔도 됩니다. 참고로 저희센터에서도 약 9개월간 주 1회 자원봉사를 해 주시던 분이 공무원에 합격하여 얼마나 자랑스럽고 기뻤는지 모릅니 다. 후배님을 응원 합니다.

Q12. 00년 2월에 전문대 사복과를 졸업하고 아직 구직활동중인 취준생입 니다.

전공을 살려서 사회복지 관련기관에 취업한다는 게 중간에 아르바이트도 하고 편입준비를 하다가 잘 안되어서 다시 최근에 구직활동을 하게 되었습니 다. 교수님께서는 그래도 편입은 계속 알아보라고 하셨지만 잘 될지는 모르겠 어요. 사회복지기관에서 대부분 면허를 요구하던데 형편이 좋지 않아서 아직 학원등록도 못했고, 가지고 있는 자격증은 기본적인 ITQ 아래한글과 엑셀, 사 회복지사 2급 보육교사 2급입니다.

질문1. 지역아동센터쪽은 시설장만 뽑고 요양시설은 요양보호사들만 채용하더라구요. 도저히 취업을 어떻게 해야 할지 감이 잡히지 않습니다. 어떻게 해야 하는지.

질문2. 내가 졸업한 학교 취업처 말고 다른 대학 취업처에도 문의해도 되나요?

A. 먼저 질문 1에 답변을 드리면 저희는 공동 생활가정 사회복지사를 채용 공고하여 채용한 상태입니다. 계속 복지넷, 사회복지사 협회, 사회복지협회, 복지관, 전국 지역아동센터 협의회, 지역아동센터중앙지원단 채용을 확인하면서 서류를 준비하길 권합니다.

질문 2에 답변드리면 자신이 졸업한 학교 취업처에서 지원합니다.

Q13. 지금 20대 후반 취준생입니다. 사회복지 전공은 아니며 4년 대졸입니다. 대졸자면 1년 과정을 통해 2급 취득 가능한 것으로 알고 있습니다. 제가 궁금한 것은 저는 남자인데 봉사활동을 자주 해봤지만 40대 이상 여성분들이 현직에 계시는 건 많이 봤지만 40대 이상 남성 사회복지사를 본적이 거의 없습니다(공무원 제외).

사회복지사 전망이 좋다고 하는데 여성분들은 충분히 그럴 거 같은데 남성의 경우 현재 현황이 어떤지 궁금합니다. 40대 이상 남자 사회복지사는 현직에 있는 비율이나 어떤 곳에서 어떤 일을 하고 있는지 궁금하네요.

A. 저는 서울지역에 지역 아동센터를 운영중인 센터장입니다. 문의한 것처럼 남성이 눈에 잘 띄지 않아 보일 수 있습니다. 가깝게는 지역아동센터, 자활센터, 복지관 등에서 일하고 있습니다.

Q14. 20대 중 후반의 남자입니다. 저는 사회복지사 취업을 준비하고 있고

요. 면접은 계속 보는데 면접만 보면 떨어지네요. 제가 면접 때 대답도 제대로 못하고 엄청 떨거든요. 평소에도 엄청 자주 떠는 편이구요. 면접 관련해서 도움 구합니다!

A. 힘내세요.^^ 먼저 자신의 장점을 찾아 자신감을 찾으세요.

Q15. 지금은 사회복지사와 관련 없는 통신업계에서 근무하고 있지만 이직을 하고자 준비 중에 있습니다. 자격증을 취득해야 한다고 한다면 어떤 자격증을 준비하는 게 좋을까요?

사회복지사1급 취득은 했는데 막연하게 아동관련 일을 하고 싶다는 생각을 가지고 자료를 찾아보고 있지만 정확히 나와 있는 게 없어요. 민간자격증을 따면 좋다고 말들은 나오는데 민간자격증이 현실에서 적용이 가능한 자격증인지도 모르겠고요.

아동 폭력 상담이라든지 이런 것은 어디에서 정보를 알아 볼 수 있을까요?

자격증을 취득해야 한다고 한다면 어떤 자격증을 준비하는 게 좋을까요?

A. 민간 자격증, 아동폭력상담사 자격증 이러한 것은 급하지 않습니다. 굳이 자격증을 취득해야 한다고 한다면 청소년 지도사, 청소년 상담사, 평생교육사 등을 권합니다.

Q16. 저는 사회복지과와 관련 없는 3년제 유아교육과를 졸업한 사람입니다. 사회복지쪽으로 학점은행제를 통해 사회복지2급을 취득하려합니다. 사회복지와 관련된 공부는 처음이라 궁금한 게 있어 물어봅니다.

①사회복지사는 몇 호봉부터 시작합니까?

②호봉승급은 어떻게 됩니까?

③지역아동센터에서 사회복지사로 일하려 하는데 월급이 어떻게 되나요?

A. 유아교육을 하셨다니 사회복지 현장에서 강점이 될 수 있습니다.아직 아쉽지만 지역아동센터는 호봉이 인정되지 않습니다. 법인이나 복지관 부설 등 관련된 지역아동센터는 호봉이 인정될 수도 있습니다. 그러므로 호봉 승급도 비슷하다고 볼 수 있습니다. 호봉은 승급이 되지 않아도 해마다 조금 인상되고 있습니다. 지역아동센터에서 사회복지사 급여는 일반적으로 처우개선비까지 포함하여 최소 156만원~170만원 된다고 할 수 있습니다. 물론 이것보다 많이 지급되는 곳도 있습니다. 일부는 여기에 미치지 못하지만 정부에서는 점진적으로 급여 인상을 추진 중에 있습니다.

Q17. 제가 자폐성장애가 있습니다. 사회복지사로 일하면 장애 있는 거 이해 받으면서 일할 수 있나요?

사회적인 기능이랑 나이에 맞는 적절한 기능이 떨어지는데요. 장애인이라는 사실을 이해받을 수 있는 직장을 찾기도 쉽지 않네요. 사회복지사가 장애인이나 약자들을 상대하는 직업이다 보니까 장애인이라고 하면 어디가 불편한지 알려주면 배려해주고 일을 잘 못해도 암묵적인 배려를 해 주고 복잡하고 어려운 일은 잘 안시키고 그러나요?

A. 공무원이나 장애인 복지시설을 추천합니다.^^

Q18. 안녕하세요. 고3 남학생입니다. 전문대 나와서 거기에 취업할 수 있을까요?

다름이 아니라 제가 전문대학교만 합격을 해서 2년제 사회복지학과에 입학

할 것 같습니다.

아직 N대 최종 합격자가 남았지만, 상향에다가 면접도 잘 못 봐서 전문대 입학을 할 것 같은데 2년제다 보니 많이 못 배울 것 같아서요. 바로 본론으로 넘어가서

①제가 통학을 합니다. 제 지역에 노인복지관이라고 있는데 전문대 나와서 거기에 취업할 수 있을까요?? 그리고 2년 동안 대학을 다니면서 거기서 봉사를 할 건데 그쪽에 취직할 때 도움이 될까요?? 물론 취직에 도움이 되려고 봉사하는 것은 아니고, 노인복지에 관심이 많아서 노인복지관에서 봉사하려고요.

②꼭 1급 자격증을 취득해야 될까요? 전문대는 1년 실무경력이 있어야 응시가능 할 뿐더러 책에서 본 내용으론 1급과 2급에 업무 구별(?)은 없다고 하더라고요. 물론 취직할 때 1급 자격증 소지자를 먼저 뽑겠지만요.

③노인복지관에서 일하시는 분들은 사회복지사 겠죠? 밥해주거나 그런 분들 제외하구 업무하는 분들은 그리고 전문대랑 4년제랑 진짜 차이 많이 나요? 마지막으로 사회복지사로서 성공하고(돈을 많이 번다던가 하는 것이 아니라 제 직장에서 만큼은 남들에게 존경받는 정도로) 싶은데 어떤 마인드로 살아가면 좋을지 조언 좀 부탁드립니다.

A. 1번 질문에 대해 답을 드리면 복지관마다 다르다고 봅니다. 운영 법인이나 관장의 마인드에 따라 다르다고 봅니다.

그리고 노인복지에 관심이 많아서 노인복지관에서 대학을 다니는 2년 동안 봉사를 한다면 당연히 취직할 때 도움이 되지요. 제가 복지관 관계자라면 눈여겨보다가 함께 일해도 좋겠다는 생각이 든다면 적절한 기회에 공채를 통해 채용할 수 있을 것 같습니다.

그리고 꼭 1급 자격증이 필수는 아니지만 면접시 가산점을 줄 수 있습니다. 2년 전공 후 기회되면 야간으로 편입해 계속 공부해도 된다고 봅니다. 노인복지관에서 일하시는 분들은 사회복지사 외에도 행정으로 사무 보는 주임, 시설관리자, 조리사 등은 복지사가 아닌 경우가 많습

니다. 시설에 따라 다르다고 봅니다.

　업무 보시는 분들은 전문대랑 4년제랑 약간의 차이가 있다고 봅니다.

　마지막으로 벤딩디아크―세상을 바꾸는 힘이라는 영화를 보십시오.
더불어 살고자하는 마음을 가지고 있다면 최고라고 봅니다.

Q19. 저는 타 전공 전문학사를 인정받아 현재 사회복지 13과목을 이수를 앞 둔 상태입니다. 원래는 사회복지 학사과정을 생각했었는데 취업시 학사와 전문학사의 차이가 크지 않다면 사회복지 전문학사로 취업을 하는 게 낫지 않을까싶어서요.

1급 시험 자격의 1년의 기간차이 뿐이라면 전문학사로 맘을 굳히려고요. 답변 부탁드립니다.^^

　A. 사회복지 전문가로 계속 일할 것이라면 몇 과목 더 공부해서 사회복지 학사를 취득하기를 권합니다. 컴퓨터에 많이 입력되어 있어야 필요시 불러다가 사용할 수 있듯이 말입니다.당장은 자격증이지만 장기전에는 전문지식+학위+개인의 능력입니다.

Q20. 4년제 다닐 경우 사회복지사 자격증은 전필 10과목 전선 4과목만 이수하면 나오는 건가요? 그러니까 4학년 1학기에 전필과 전선4과목 실습까지 몽땅 이행했으면 학교를 졸업하지 않아도 자격증은 나오는 건가요?

　A. 2년제라면 졸업과 동시에 자격증이 발급 가능합니다. 그러나 4년제인 경우 졸업이후 발급이 가능합니다.

Q21. 지역아동센터가 궁금합니다.

① 지역아동센터에 있는 아이들은 연령대가 어떻게 되나요? 어떤 아이들이 다니나요?

② 지역아동센터는 아이들이 몇 시부터 몇 시까지 있나요?

③ 지역아동센터 아이들이 활동하는 프로그램은 어떤 것이 있나요?

④ 지역아동센터 사회복지사분들은 근무시간이 어떻게 되나요? 서로 뭐라고 부르나요?

⑤ 월급은 어느 정도 인가요?

A. 지역아동센터에 있는 아이들 연령대는 미취학부터 고3까지 이용 가능합니다.

수급자, 한부모, 다문화가정의 자녀, 저소득가정의 자녀, 일반가정의 아동 순으로 다닙니다. 지역아동센터는 아동들이 방학 중에는 10시부터, 학기 중에는 오후1시 이후부터 저녁 6시~8시까지입니다.

지역아동센터 아이들이 활동하는 프로그램으로는 다양합니다. 학교 숙제는 물론, 간식, 식사, 보호, 교육, 문화활동, 정서지원, 지역사회 연계 등 일반가정에서 할 수 있는 것보다 기관에 따라서는 더 많은 경우도 있습니다.

지역아동센터 사회복지사분들의 근무시간은 오전 10시~7시정도 (8시간)이며 호칭은 선생님이라 부릅니다. 급여는 기관에 따라 다릅니다. 약 150만원 내외이며, 저희 기관은 실 수령액이 150만원입니다. 거기에 4대보험, 퇴직금, 식대 등 포함한다면 약 170~180만원을 지급받는다고 보면 됩니다.

Q22. 제가 수요일에 지역아동센터에 면접을 보러가게 되었어요. 돌봄교사인데요. 하는 일이 프로그램 계획 및 진행과 아동상담과 관리, 사회복지행정이

에요. 면접을 처음 보는 거라서 면접 예상 질문이 감이 잡히지가 않습니다. 자소서에는 성장과정, 성격장단점, 지원동기, 입사 후 포부 이렇게 썼구요. 면접 예상 질문이 뭐가 나올지 대충 아신다면 도움 좀 주세요.

A. 저는 지역아동센터 센터장입니다. 만약 저희 센터 돌봄교사로 오시는 분이라면 지원동기를 물어 보겠습니다. "우리 센터에 어떻게 지원하게 되었는지요? 다른 센터도 많은데 말입니다. 프로그램 계획 및 진행과 아동상담과 관리 사회복지행정에 대한 비슷한 일을 해본 경험이 있는지요? 아니라면 어떻게 해 볼 계획이신지요?"라고 물어 보겠습니다.

자신의 장점 내지는 특기를 과장 없이 소개를 하시면 좋겠습니다. 잘하는 것, 할 수 있는 것을 정리해서 지역아동센터 친구들에게 어떻게 진행해 나가고자 한다고 자신 있고 분명하게 답변하는 모습을 보여 주시면 좋겠습니다. 좋은 결과 있기를 기대합니다!

2. 기본 상식

Q23. 장애인학교도 사회복지시설에 해당되는지 궁금합니다.

A. 교육시설입니다.^^

Q24. 기업이 사회에 봉사를 해야 하는 필요성이 무엇인가요?

A. 기업이 사회에 봉사한다기 보다는 기업이 사회에 공헌한다는 표현이 더 어울립니다.

기업은 사회를 대상으로 합니다. 사회의 구성원은 사람이지요. 사람들 중에 아동, 청소년, 장애인, 어르신(노인). 일반 대중 등. 그래서 기업들도 복지재단을 만들지요! 예를 든다면 KT&G 복지재단, 일반 기업 중에도 삼성 꿈 장학재단, 이랜드 복지재단 등.

결국은 이와 같은 기업 활동을 통해 얻은 이익을 재단을 통해 사회에 환원하는 것이지요!

그럴 때 기업의 홍보는 물론 기업의 긍정적인 면을 극대화하는 일거

양득의 효과를 얻게 됩니다. 그 결과 갈수록 기업이 사회에 공헌을 하는 경향이 확대되어 가고 있습니다.

사회공헌은 경제적인 문제만이 아니라 자원봉사를 포함합니다. 기업과 봉사 어떻게 보면 관계가 없는 것 같지만 매우 밀접한 관계를 가지고 있습니다.

Q25. 아동관련 복지시설 시설장이 되면 관리 서류작업만 하고 아이들을 직접적으로 만나서 돕거나 하지 않죠? 시설운영하면서 아이들과 함께 지내거나 해도 되나요?

A. 사람마다 다르겠지만 시설장이 클라이언트인 아동을 늘 곁에서 관찰하고, 지도하는 자세가 필요하다고 봅니다. 그래야 무엇이 필요한지 적절하게 서비스를 제공할 수 있기 때문입니다. 아동에게서 멀어지는 순간 그는 시설장 보다는 행정가로 바뀌는 것이라고 생각됩니다. '시설운영하면서 아이들과 함께 지내거나 해도 되는 가'라고 질문했는데 옳은 생각입니다.

매일 매시간 마다는 아니지만 항상 아동 곁에 있는 마음자세가 기본입니다.

동시에 저의 경우에는 센터 내에서 일어나는 모든 상황을 사회복지사, 아동복지교사, 강사, 자원봉사자 등이 함께 아동을 케어 하도록 하고 있습니다. 센터장은 지역사회의 유관기관과의 관계를 통해 자원의 공유, 후원자의 발굴 등이 이루어지게 될 때 시설과 클라이언트의 삶은 더욱 발전되어 가리라고 봅니다.

Q26. 교수님이 사회복지 수혜자가 뭔지 조사해 오라고 했는데 자세히 좀

알려주세요?

    A. 수급자, 차상위, 장애인, 한부모 가정, 북한 이탈주민, 다문화가
정, 시설 입소 아동, 청소년, 저소득 가정 등등입니다.

Q27. 제가 단체에 기부를 하려는데 단체에 기부를 하면 봉사시간을 받을
수 있나요?아님 대학갈 때 유리한가요? 기부를 하면 기분 좋아지는데 다른 것
도 도움이 되는 게 있나요?

    A. 나눔을 실천하려는 질문자님에게 감사드립니다.
자신의 것을 누군가에게 나눈다는 마음이 매우 따뜻하게 다가옵니다.
기부와 봉사는 별개입니다. 기부는 세상을 더욱 행복하게 만들어 줍
니다.

Q28. 학점 인정받으려고 봉사했는데 그 센터의 아동 복지시설 신고증 사본
을 같이 제출하라는데 기관에 부탁해야 되나요? 메일로 첨부파일 보내 달라고
해도 괜찮을까요?

    A. 직접 기관에 찾아가서 부탁드리는 것이 예의입니다. 참고로 저의
기관의 경우 이제까지 학점인정 때문에 시설 신고증 사본을 보내달라
고 한 학교가 한 번도 없습니다.

Q29. 10대 청소년 여자입니다. 제가 방금 전에 이어폰으로 라디오를 들으
면서 자위를 하고 있던 도중에 어머니께서 들어오셨어요. 근데 이걸 어떻게 설

명 드려야할지 모르겠어요. 눈치도 채신 것 같고 그래서 지금 괜히 수치스럽고 부끄러워서 구석에 쪼그려 앉아서 글쓰고 있어요. 이럴 때는 어떻게 대처해야 할까요?

제가 말도 정리해서 잘하지도 못하고 어머니께선 아직도 제가 어리시다고 생각하실 텐데 어떻게 해야 할지 모르겠어서 눈물이나요. 꼭 답변해주세요. 부탁드립니다.

A. 그냥 지나치면 항상 죄책감이 들지 않을까요?

부끄럽지만 솔직하게 엄마에게 말씀드리고 용서와 어떻게 해야 좋을 지를 요청해보면 좋겠습니다.^^

Q30. 유아교육과 3년제 졸업한 사람입니다. 보육교사2급. 유치원정교사2급 자격증이 있습니다. 제가 지역아동센터에서 1년 동안 돌봄 도우미로 일하게 되었습니다. 돌봄 도우미도 1년 경력이 인정되나요?

A. 채용시 사회복지사로 계약하고 4대 보험료를 납부하였다면 경력이 인정되는 것이며, 그렇지 않았다면 인정되지 않습니다.^^

Q31. 저는 지방에서 7년차 유치원 교사를 하고 있습니다. 계속 유아교육을 살려야할지 발달을 이해하는 아동학과쪽을 가야할지 고민입니다. 같이 고민 해결해주세요.

학부 때 바로 대학원가려다가 현장경험을 위해 근무하게 되었지요. 학부 땐 아이들을 제대로 이해하고 가르치고 싶어서 사회복지, 심리도 부전공했구요. 이제 공부하고 싶은 마음을 살려서 일을 그만두고 대학원을 가려합니다. 안정 된 직장을 버리려하니 그것도 쉽지 않네요. 그래도 앞으로의 10년을 위해 도전하고자합니다. 인 서울하고 싶은데 정보가 크게 없어서 이렇게 적습니다. 먼저 현장경험을 바탕으로 대학원 공부를 하고 싶은데 유아교육을 살려서 일반대학원에 진학하게 좋을지 더 넓게 아동상담, 심리치료 등이 있는 아동복지나 아동학과에 가는 게 좋을지 고민입니다. 아동상담에 관심이 많았으나 실제현장에 있다 보면 정서적으로 아프신 분들이 많아지는 걸 느낍니다. 그만큼 가정환경이 중요하겠지요. 그런데 교사로서의 역량도 더 쌓고 싶으나 원감 원장 보다는 진짜 아이들이 행복한 나라를 위해 도움이 되고자 앞으로를 위해 공부하고 싶은데요. 과연 어느 방향이 좋을까요?

A. 먼저 현장경험을 바탕으로 대학원 공부를 하고 싶은데 유아교육을 살려서 일반대학원에 진학하게 좋을지, 더 넓게 아동상담, 심리치료 등이 있는 아동복지나 아동학과에 가는 게 좋을지 고민에 대한 답변은 7년 경력이라면 당연히 유아교육이라고 권하고 싶네요.

왜냐하면 동일계열 경력이니 대학원에서 전공한다면 전공과 경력이 일치하기에 두 배의 효과가 있다고 봅니다.

교사로서의 역량도 더 쌓고 싶으나 원감 원장 보다는 진짜 아이들이 행복한 나라를 위해 도움이 되고 앞으로를 위해 공부하고 싶다면 유아교육 보다 아동복지가 더 가깝습니다.

Q32. 지역아동센터를 공교육이라고 할 수 있을까요? 학교만 해당일까요?

A. 지역아동센터는 공교육이 아니라 아동복지법에 의한 아동복지 시설입니다.

공교육이라함은 국가의 정책에 따라 진행되는 교육기관을 의미합니다.

Q33. 군대 전역한 후 정말 고민이 많은 20대 초반 남자입니다. 중고등학교 때는 정말 공부와는 벽 쌓고 살아서 거의 전교 꼴등에서 노는 정도였습니다. 부랴부랴 전문대 사회복지과 가서 공부하는데 정말 재밌더라구요. 소개받아서 봉사활동도 1년간 했는데 정말 재미있고 보람차고 즐거웠어요. 솔직히 말해서 사회복지사 보다는 상담사가 하고 싶어요. 그래서 국비지원교육에 아동심리상 담(?) 있다고 들은 것 같아서 하고 싶어요. 대학교 졸업해서 사회복지사 자격 증 취득 후에 취업해서 1급자격증 취득하는 게 나을까요 아니면 국비지원으로 상담쪽 배워서 상담사 하는 게 나을까요? 솔직히 말해서 둘 다 하고 싶은데 뭘 어떻게 먼저 해야 할지도 모르겠고 국비로 상담배울 수 있으면 정말 열심히 목숨 걸고 할 수 있을 것 같은데 알아보니 4년제 대학에 대학원에 심리과 밖 에 없어서 어쩔 수 없이 꿈을 접어야겠다는 생각도 들고 그냥 평범한 사회복 지사나 해야겠다는 생각도 들고요. 정말 단도직입적으로 알려주시면 감사하 겠습니다. 전문대도 턱걸이로 겨우 들어와서 공부했던 성적인데 상담사 가능 할까요?

A. 20대 초반은 무엇이든 할 수 있는 나이입니다.

국비지원 교육으로 아동심리상담을 배울 수 있다고 들은 것 같다고 하였습니다.

사회복지 분야를 알고 있다면 상담도 가능하다고 봅니다. 상담도 기 본적인 지식이 있어야 가능하다는 말입니다. 상담분야는 우리나라 현 재 상황대로라면 일 할 자리가 흔하지 않습니다.

개인적으로 먼저 사회복지를 한 다음 사회복지로 기초가 든든히 세워졌는데도 불구하고 사회복지보다는 상담 쪽이라면 그때 상담을 위해 시간적으로나 물질적으로나 재투자하는 것도 좋다고 봅니다. 사람은 자기가 하고 싶은 것을 모두 할 수는 없지요? 사회복지를 15 년 한 제 경우에는 할수록 흥미(?)가 많습니다. 질문자님은 잘 할 수 있습니다.

유치원. 어린이집. 그룹홈. 지역아동센터 차이점이 어떻게 될까요?궁금한 게 많네요. 덧붙여서 이것저것 알려주시면 감사 하겠습니다.

A. ① 유치원: 미취학아동을 중심으로 취학 전 유아교육을 중심으로 하는 기관

② 어린이집: 미취학 아동을 보육중심으로 하는 보육시설

③ 그룹홈(공동생활가정): 미취학부터 고3까지의 아동, 청소년들을 부모를 대신하여 가정의 역할을 해주는 사회복지 시설.

④ 지역아동센터: 방과후 아동이 이용하는 복지시설

3. 심화 상식

Q35. ①우리나라에서 열악한 환경에 있는 아이들은 어떤 아이들이 있을까요? (가난한 아이들이라 던지, 이혼 가정, 버림받은 아이들, 장애가 있든지 등등) ② 그 이유가 무엇인지 ③ 어떻게 해결해야 하고 ④ 현재 우리나라는 어떤 식으로 해결을 하고 있는지 궁금합니다. 마지막으로 교육에 있어서 제대로 된 교육을 받지 못하는 아이들은 얼마나 있는지 교육에 있어서 어느 정도 열악한 환경에 있는지 그 이유가 무엇인지 궁금합니다.

A. 부모님들의 학대와 방임되는 아동, 청소년들이 가장 어려운 환경이라고 할 수 있지 않을까요? 가난한 환경도 보호자, 국가라는 울타리가 있지요. 이혼가정도 아픔은 있지만 국가의 제도로 일정부분 보완이 되고 있지요. 버려진 아동들 역시 국가가 양육하고 있습니다. 장애아동도 부모를 어떤 사람을 만나느냐에 따라서 인생이 달라집니다. 자녀를 학대하거나 방임하는 부모님들 경우 자신이 부모로부터 학대와 방임받은 경우가 많을 수 있습니다. 다는 아니지만 답습인 것이지요. 가난한 환경도 원채 경제적인 바탕이 없어서 일수도 있고, 타의에 의해서, 또는 사업의 실패 등으로 일어날 수 있는 상황입니다. 이혼가정은 언제

나 발생할 수 있지요.

유기된 아동, 버려진 아동들 역시 부모의 가정에 대한 개념의 부족과 성장기 부모로부터 애정 결핍 등. 장애아동은 출생부터 또는 순간의 사고로 장애가 발생할 수도 있습니다. 그렇다면 어떻게 해결해 나갈 수 있을까요? 학교에서나 사회에서 부모교육이 필요합니다. 국가의 사회복지 제도를 최대한 활용하면 가난을 탈출할 수 있습니다.

이혼가정 예방을 위해 가족 구성원 서로의 노력이 필요합니다. 유기된 아동, 버려진 아동에 대해서 부모교육과 미성년자들에 대한 성교육이 필요합니다. 장애아동은 출생부터 또는 순간의 사고 외에 임신모의 알콜, 약물중독을 예방하고, 장애가 발생되었어도 적절한 재활을 제공해야 합니다.

자녀를 폭력으로 학대하거나 방임하는 부모님들 역시 아직도 자녀들을 자신의 소유물(?)로 인식하는 경향이 있습니다. 교육과 계몽이 부족한 상태입니다.

가난한 환경도 기본적으로 경제적인 바탕이 없어서 일수도 있고, 타의에 의해서, 또는 사업의 실패 등으로 일어날 수 있는 상황입니다. 이혼가정은 언제나 발생할 수 있지요. 유기된 아동, 버려진 아동들을 위하여 국가는 찾동(찾아가는 동 주민센터)사업을 통해서 지원하고 해결해 나가고 있습니다. 마지막으로 교육에 있어서 제대로 된 교육을 받지 못하는 아이들은 얼마나 있는지 교육에 있어서 어느 정도 열악한 환경에 있는지 그 이유가 무엇인지는 교육청, 더 나가서 교육인적 자원부 등에 자료를 찾아보기를 권합니다.

Q36. 지역아동센터와 그룹홈(공동생활시설)은 같은 건가요?

A. 지역아동센터는 이용시설입니다.

주로 초1~고3까지 방과 후에 이용하는 시설로 보호, 교육, 문화, 정서지원, 지역사회 연계 등의 사업을 통해 저소득 가정의 아동, 청소년들에게 매우 귀하게 역할을 하고 있는 소규모 복지시설입니다. 반면에 공동생활 가정은 옛날의 작은 고아원형태로 대안가정과 같습니다.

5~7명의 부모님이 사망, 질병, 이혼으로 부모님과 함께 살 수 없는 경우에 국가가 부모의 역할을 대신해주는 시설을 공동생활 가정이라고 합니다. 일반 가정과 비슷한 형태의 복지시설로 생활시설이라고 합니다. 1세부터 만 18세까지 생활할 수 있습니다.

Q37. 제가 사회복지 시설에서 살다가 자립을 시작하는데요. CDA라는 통장을 받았어요.
26살이 되어야 해지가 된다고 해서 손은 안대고 있는데 제가 이름을 바꿨거든요? 이 통장 사용 가능한 건가요? 국가에서 주는 거라 혹시나 해서요.

A. 이름이 변경된 법적인 서류를 가지고 본적지 시(구)청에 가셔서 변경절차를 거치면 됩니다.
주민 번호가 있기 때문에 큰 어려움이 없습니다. 또한 26세 이전이라도 대학을 합격해서 등록금으로 사용하거나 주택을 임대한다고 하는 경우 사용가능합니다.

Q38. 아동센터에서 일하고 있는 복지사입니다. 공부할 때 틀린 문제를 답지를 보고 써주고 설명해주었더니 이렇게 하면 성적이 떨어진다고 말을 하네요. 그리고 아이들이 무엇을 물으면 그게 뭔지는 아는데 아이들 눈높이에 맞춰 설명하기가 너무 어려워서 우물쭈물하게 되어 책을 찾아서 알려주거나 검색을 통해 알려주는데 아이들이 선생님은 잘 모른다며 바보 취급하네요. 말을 너무

A. 사회복지사는 학습지도 능력이나 방법이 미흡해도 아동이 스스로 학습해 나갈 수 있도록 보조해주는 역할만 해도 됩니다. 사회복지사는 학교 선생님은 아니니까요.

책을 찾아서 알려주거나 검색을 통해 알려주는데 아이들이 선생님은 잘 모른다며 바보 취급한다고 하였는데 공부 잘하는 것보다 인성이 중요함을 시간을 두고 알려주세요. 말을 사용하는 것도 부드러운 말, 예의 있는 용어를 사용하도록 가르칠 필요가 있습니다. 이러한 일은 초년생 복지사는 물론 재직중인 사회복지사보다 센터장님이 시간 내서 정기적으로 해주는 것이 좋습니다. 또한 학습지도는 하지만 그것이 주 역할이 아니라는 것을 암시해주세요.

그리고 그런 아동은 가정교육이 제대로 되지 않은 경우가 많습니다. 뿐만 아니라 그렇지 않다 해도 학교에서 좋지 않은 것을 보고 따라하거나 배우는 경향이 있습니다. 그러니 책망이 아니라 조용히 불러서 대화를 하세요. 역지사지 아시지요? 다른 사람이 그렇게 너에게 하면 네 기분은 어떠할까하고, 그래도 반성하거나 고치지 않으면 센터장님에게 말씀드리세요!

질문자님은 멋진 사회복지사가 되는 길을 향해 가고 있다는 사실을 한 순간도 잊지 마세요.

응원합니다.

A. 사회복지사에 관심을 가지고 있군요.

자격증 취득후 직장 채용시 질병관련 채용신체 검사를 병원에서 하는 것으로 외모 중심은 아닙니다. 동시에 성범죄조회를 추가해서 아동학대 경력을 조회를 하고 있습니다.

Q40. 아동분야 사회복지사가 되기 위해 갖추어야할 마음가짐과 기본자세가 무엇이 있나요?

A. 첫째는 나는 누구인가가 중요합니다. 즉 나는 인생을 통해 무엇을 할까와 같습니다.

그리고 두 번째는 그것이 나의 꿈이 되어야 한다고 봅니다. 즉 나의 자아실현과 일치되는가라는 말입니다. 나의 복지를 위해서 필수입니다. 나의 꿈이 나에게만 적용된다면 사람들은 관심이 없습니다. 혼자서 축구하는 선수를 상상해 보세요? 어쩌다가가 아닌 항상 혼자서만 한다면 신나겠습니까? 바로 사람입니다. 나의 꿈을 넘어 우리의 꿈을 이룰 대상이 있어야 합니다. 질문자님은 아동이 그 대상이 될 수 있습니다. 그리고 마음자세 곧 나눔입니다.

그 나눔을 통해서 나눔을 받은 사람이 또 다른 나눔을 낳게 되는 것 이것이 사회복지입니다. 기본자세는 섬김입니다. 그것도 눈높이를 맞추어서….

Q41. 사회복지사는 선택 가능한 직업의 폭이 넓나요?

A. 예. 매우 넓다고 할 수 있습니다. 미래는 융합의 시대라고 합니다. 그러므로 사회복지와 융합이 되기에 앞으로는 사회복지를 모르면 안 될 정도라고 봅니다.

Q42. 독서 서술 포트폴리오 발표를 해야 하는데 진로나 관심사에 관련된 발표를 해야 합니다.

저는 사회복지사 쪽에 관심을 가지고 있어서 사회복지사에 관하여 발표를 하려 합니다.

이 책으로 발표하면 좋겠다 하는 책이 있다면 무엇이 있나요?

A. 최연혁 저 '우리가 만나야 할 미래'를 강력 추천합니다.

Q43. 이번에 기초수급자 1종이 되어서 처음 나라미 쌀을 지원 받았습니다. 마트에서 사는 쌀과 정부에서 지원받은 나라미에 차이점이 무엇인지 가르쳐주세요? 나라미 쌀 생산년도 2016년 도정날짜 2017년 00월 00일 입니다. 나라미 쌀은 벌레가 있어 밥을 하면 냄새가 나서 먹지 못한다고 하는데 정말로 그런지 궁금합니다.

A. 마트에서 구입한 쌀은 개인이 벼를 구입해서 도정(쌀로 만드는 것) 해서 판매하는 것이며, 나라미 쌀은 정부가 벼를 구입해서 도정(쌀로 만드는 것) 해서 경제적으로 지원이 필요한 가정에 돈이 아닌 물품으로 가정에 드리는 것입니다. 개인이 이러한 과정을 거친다면 비용이 많이 들어가므로 비용이 비싸게 됩니다. 그러나 국가는 이익을 위해서가 아니라 순환을 위해서 이러한 역할을 하게 됩니다. 제가 아는 분이 나라미 쌀을 이용하고 있는데 지금까지는 벌레가 나온 경우는 없었습니다. 그러나 유통과정이나 보관상 벌레가 생길 수도 있습니다. 대한민국 정부가 먹지 못하는 쌀을 국민에게 드리지는 않습니다.

Q44. 주민센터 내에 위치한 시립지역아동센터에 채용된 사회복지사는 공

무원인가요? 아닌가요? 9급 공무원 시험을 보지 않고 정규직으로 채용 된 경우이면 공무원이 아니지요?

A. 저는 공립지역아동센터 센터장입니다. 전국에 시(구)립 지역아동센터가 있습니다. 그리고 저희와 같은 공립 지역아동센터도 있습니다. 지역아동센터에 근무하는 사회복지사는 공무원이 아닙니다. 모두가 위탁을 받아 운영하고 있습니다.

Q45. 공립형 지역아동센터와 일반 지역아동센터의 차이점 등 상세하게 알려주세요. 두 아동센터의 운영방식과 차이점을 상세히 알려주세요. 그리고 센터장은 사회복지사 1급이면서 경력 몇 년 있어야 되나요?

A. ①운영방식 / 일반지역아동센터는 개인, 단체, 법인 등이 운영주체가 되어 설립 운영됩니다. 반면에 공립지역아동센터는 지자체에서 시, 도의 지원이나 예산 등을 사용하여 세우되 대개 운영을 위탁하게 됩니다. 운영 능력이 있다고 판단되는 법인이 위탁을 받아 운영합니다.
② 센터장은 사회복지사 1급이 아니어도 됩니다. 1급 또는 2급이면서 아동복지 분야 3년, 사회복지 분야 5년의 경력이 인정되면 센터장이 될 수 있습니다. 단 1급 사회복지사로서 3년이상의 경력자나 2급으로서 5년의 경력자를 요구하는 것은 실습지도 등 운영상 기본적으로 필요하다고 보기 때문입니다.

Q46. 지역아동센터 운영주체 변경 시 이용아동 및 종사자가 변동이 없으면, 운영비가 50% 정도 지원되는 게 맞나요? 그리고 지역아동센터 대표자의

자격이 있나요?

A. ① 운영비지원 / 이용아동과 종사자가 변동이 없으면 운영비가 50%가 아닌 100% 지원되는 게 맞습니다. 그리고 변경 전 6개월과 변경 후 6개월을 전제로 합니다. 그렇게 2년간 아무 이상이 없어야 합니다. 만약 변동이 된다면 신규시설 적용이 됩니다.

② 대표자의 자격? 현재는 특별한 자격이 없어도 됩니다.

센터장은 아동복지 분야 3년, 사회복지 분야 5년 경력자이어야 합니다.

Q47. 아동복지, 아동교육과 관련된 책 뭐가 있을까요? 논문 말고 술술 읽을 수 있는 책이요!

A. 4권의 책을 추천해드립니다!

① 부모라면 유대인처럼, 고재학, 예담

② 질문하는 공부법 하브루타, 전성수 · 양동일, 라이온 북스 - 유대인교육 관련도서

③ 기적의 유치원, 조혜경, 쌤 앤파커스 - 일본의 아동관련 도서입니다. 교육과 복지 내용입니다.

④ 우리가 만나야할 미래, 최연혁, 쌤 앤, 파커스 - 스웨덴의 아동복지를 포함한 사회복지 전반을 다루고 있는 귀중한 내용이 있습니다!

Q48. 20명미만 지역아동센터의 사회복지사 인원은 몇 명인가요?

A. 지역아동센터의 정원은 사회복지사와 관계가 있습니다.

① 19인 시설, 29인 시설은 센터장(사회복지사) 1명과 사회복지사

(생활복지사) 1명.

② 30인 이상 시설은 센터장(사회복지사) 1명과 사회복지사(생활복
지사) 2명.

입니다.

Q49. 노인과 바다의 출판 의도와 이유가 뭔가요??

A. 질문자님은 멋쟁이 입니다. 질문자님은 중, 고딩 어디에 속하였
는지요?

저는 50대 후반 60대를 다가가고 있습니다. 저는 십대 때 노인과 바
다를 읽게 되었습니다. 그리고 그 기억은 지금도 어렴풋이 남아 있습니
다. 그 당시에는 나 역시 의미를 잘 이해하지 못하였습니다. 노인과 바
다는 실존했던 인물을 소재로 쓴 소설입니다.

작가의 의도를 100% 이해는 할 수 없겠지요. 시간이 지난 후 늘 궁
금하였지요. 그리고 언젠가 어렴풋이 알게 되었지요. 어부는 가족을
위해 큰 기대를 가지고 바다에 가서 고기를 잡습니다. 고생 끝에 대어
를 낚은 것이지요. 그리고는 기쁨으로 집으로 돌아오지요. 그런데 그
때부터 방해꾼이 생깁니다. 질문자라면 어떻게 하겠습니까? 방해꾼들
을? 어부는 목숨을 걸고(?) 사투를 벌이면서 잡은 고기를 집을 향해서
돌아오지요.

그런데 집에 돌아오고 보니 고기는 다 먹혀버리고 앙상한 뼈만 얻게
됩니다.

어부는 이것이 인생이라는 것을 어렴풋 알게 됩니다. 이제 질문자님
이 책을 직접 만나볼 차례입니다.

4. 자격증 취득 후

Q50. 오늘 지역협회에 직접 제출하고 회비도 냈는데 혹시 이게 심사해서 반려되는 경우가 있나요? 자격증이 급하게 꼭 필요한데 좀 찝찝하네요.

A. 발급이 됩니다.
발급 후에 서류를 제출하되 면접 이후 취업이 된다면 그 후에 채용신체검사서, 성범죄 조회와 아동 학대 조회를 기관에서 경찰서에 의뢰합니다. 조회해서 이상이 없으면 취업이 이루어지게 됩니다.

Q51. 제가 아동복지시설을 설립하고 그 시설에서 사회복지사로 일해도 되나요?

A. 아동복지시설을 설립할 수 있는 사람은 아동복지 경력 3년 이상이거나 사회복지 경력 5년이상 경력자가 시설장이 될 수 있습니다.
이러한 시설장을 채용하고, 자신이 사회복지사라고 근무하기로 하면 가능합니다.

Q52. 서울 A,B,C지역에서 지역 아동센터 사업을 하고 싶은 1인 입니다.

저는 보육교사 경력을 가지고 있으며, 1급 자격증 소지자입니다. 경력은 4년 정도 입니다.

경력이 부족하여(1년) 시설장을 따로 두고 사업을 진행할 생각 이였습니다.

다만 제가 이쪽 사업을 전혀 몰라서 운영의 방법 및 국가 보조를 지원받는 방법을 알고 싶습니다. 제가 알아 보았을 때에는 시설 운영 2년 이후에 보조가 가능하며 2년 이전에는 아동 1명 기준 5만원 이상 운영비를 받을 수 없다고 알고 있습니다. 그렇다면 아이들에게 운영비를 받아서 운영하여야 하는 건지? 아니면 기존의 아동센터 시설을 인수받아서 하는 방법은 없는지도 궁금합니다. 관련 법규에 따른 설립 추진 절차는 어떤 것이 필요한지도 알려주실수 있는지 궁금합니다.

다시 질문을 정리하면 사업 운영 방법 및 국가 보조 지원 신청 방법으로 시설 운영 2년 이전에는 아동에게 받는 운영비로만 운영을 해야 하는 건지? 기존의 타 아동센터를 인수 받아서 운영하기 위해선 어디서 알아볼 수 있는지? 관련 법규에 따른 설립 추진 절차는 어떤 것이 있는지 필요 서류들은 어디서 보고 신청할 수 있는지?

A. ① 사업 운영 방법 및 국가 보조 지원 신청 방법

지원이 되지 않는 상태에서 2년 동안은 자비나 후원금으로 그리고 이용 아동 중에서도 일반 아동의 경우 받을 수 있습니다만 먼저 운영위원회에서 결정되어야 가능합니다. 대부분 이용아동이 수급자, 차상위 가정, 한부모 가장, 다문화 가정, 기타 저소득 등. 어려운 환경의 아동, 청소년들이 대부분입니다.

② 시설 운영 2년 이전에는 아동에게 받는 운영비로만 운영을 해야 하는 건지?

예. 그렇습니다. 다행인 것은 서울시의 경우 만 1년이 된 시점부터 운영비의 일부인 150만원을 매월 지원해주고 있습니다. 이전에는 저희

구의 경우 2년간 운영자금이 예치되어 있는 통장을 제출해야 하는 경우도 있었습니다. 그러므로 가능한 지인들의 도움을 많이 받는다면 그것도 하나의 방법이라고 봅니다.

③ 기존의 타 아동센터를 인수 받아서 운영하기 위해선 어디서 알아볼 수 있는지?

만약에 그런 경우가 발생한다면 불법처리가 되어 낭패를 당할 수 있습니다.

Q53. 사회복지사 실습을 하고 있습니다만 실습이 다 끝나면 지역아동센터를 창업해 볼까하는데 2년을 자부담으로 모든 경비를 쓴다는 말씀이신지요? 시설장은 페이센터장을 고용하려면 인건비는 얼마나 되는지요? 아무것도 모르고 있어서 대표는 남편으로 하고 생활복지사로 경험을 3년간 쌓은 후에 센터장을 하게 되면 어떨까 싶어서요. 저소득 아니고 일반 아동들도 받으면 지원이 달라지나요?

A. 지역아동센터 창업해서 2년간은 자부담으로 경비를 써야합니다.

페이센터장 인건비는 최소 보험료 포함 180만원 이상입니다. 왜냐하면 경력 3년 이상이어야 하기 때문입니다.

대표는 자격증이 없어도 가능합니다. 물론 경력에도 포함되지 않습니다.

일반아동은 정원의 20% 이하만 입소 가능합니다.

Q54. 보육교사 1급 자격의 경우 취득 후 아동과 관련된 사회복지업무에 5년 이상의 경력 인정된다고 봤는데 어린이집 경력도 인정되는 건가요? 아동관련 된 사회복지 업무에 어린이집도 속하는 건가요?

지역아동센터를 설립하고 지원받게 되면 어떤 지원을 받나요? 급식비? 간식비? 인건비? 지원이 되는 건가요? 아동 인원으로 지원받는 건가요? 어디다 문의를 해야 되나요?

A. 보육교사 1급으로 어린이집 5년 경력이면 지역아동센터장 자격이 됩니다. 지역아동센터 설립하고 자체적으로 부담하여 2년이 경과 되면 운영비 지원 대상이 됩니다.

급식비는 10명이상 급식을 하는 경우 급식비 지원이 됩니다. 간식비는 급식비의 일부로 사용하되 과일, 떡 정도 지출 가능합니다. 별도의 간식비는 없습니다. 애들 인원으로 지원 받는 것은 직접적으로 영향을 주지는 않습니다.

Q55 운이 좋으면 현장실습기관에서 바로 채용되는 경우도 있다고 알고 있습니다. 궁금한 게 보통 현장실습은 선 이수 과목을 먼저 이수 후에 받을 수 있잖아요.

바로 채용되는 경우에는 14과목 중에서 실습만을 남겨둔 상태에서 실습을 종료한 후 바로 채용되는 건지 아니면 우선 채용된 뒤 그 후에 나머지 과목을 이수해도 되는 건지 알고 싶습니다. 실제로 취업하셨던 분들은 얼마나 과목 이수 후 취업이 되신 건지 알고 싶습니다.

A. 저는 소규모 사회복지 시설장입니다.

저희 기관도 실습한 학생을 졸업 후에 채용하였습니다. 그러므로 바로 채용되는 경우에는 14과목 중에서 실습을 종료한 후 시설과 구(시)청의 협의가 된다면 가능합니다.

Q56. 지역아동센터의 시설장은 센터 지원금과 별도로 나오나요?

A. 지역아동센터는 대부분 2년은 자부담으로 운영하게 됩니다. 법인이나 단체, 개인이라 해도 마찬가지입니다. 그러므로 설치가 쉽지 않습니다. 또한 센터장 급여 역시 국가에서 지원해주는 보조금에 포함되어 있습니다.

Q57. 제가 친구랑 같이 토요일아침에 지역아동센터에서 봉사활동하려고 하는데요 저는 바빠서 전화 못하니까 친구한테 근처 지역아동센터에 전화해서 주말에 가능하냐고 물어봐 달라고 부탁했어요. 진짜 지역아동센터도 주말엔 쉬나요?

친구가 자기네 동네 쪽 아동센터에 전화해 봤는데 주말은 안 해서 평일밖에 못한다는군요. 그래서 내일 저희집 근처 아동센터에도 물어봐 달라 했어요. 친구를 의심하는 건 아닌데 진짜 주말엔 지역아동센터 안하나요? 제가 처음 전화로 토요일 날 아침에 봉사활동 가는 거 제안 했을 때 썩 내키지 않아 하는 목소리였던 거 같아서 약간 미심쩍어요. 조금 있다 저녁에 저희 동네 쪽 전화 해보고 알려준다는데 이 역시 평일밖에 안된다면 친구가 거짓말 하는 건가요? 아니 제 생각엔 복지센턴데 주말은 쉰다는 게 말이 안 되는 거 같은데 친구는 전화해 봤는데 주말엔 쉰다고 하네요.

A. 지역아동센터마다 토요일 운영에 차이가 있을 수 있습니다. 프로그램을 하는 시설도 있고, 그렇지 않은 경우도 있습니다. 그리고 봉사활동하기 직전에 알아보기보다 며칠을 앞두고 확인해보기 바랍니다. 계획이 되어 있는데 갑자기 신청하면 자원봉사를 허락해주기가 쉽지 않습니다.

그리고 지역아동센터에는 동급생들인 중·고등 학생들이 있기 때문에 경우에 따라서는 자원봉사 활동을 받지 않을 수 있습니다.

Q58. 지역아동센터에도 보육교사가 배치되어있나요? 그럼 보육교사자격증이 있으면 지역아동센터 취업하기 유리한가요?

A. 보육교사 1급은 취업이 가능합니다. 그러나 사회복지 시설이므로 사회복지사와 비교를 한다면 사회복지사보다 취업이 불리한 것이 현실입니다. 없는 것보다는 나은 것은 맞습니다만 약간 안심이 되지 않습니다.

참고로 저희 기관 직원들 모두가 사회복지사 자격증 소지자입니다. 감사합니다.^^

Q59. 지역아동센터를 운영하려면 여러 조건들이 있는데 자세한 내용이 없더라구요. 예를 들어 건물은 몇 평 이상 이어야한다. 처음 기반은 개인 사비로 운영해야 한다 등. 이런 내용들이요. 혹시 자세하게 지역아동센터 운영에 대하여 알려주실 수 있을까요?

A. 관심에 감사합니다. 건물은 30평 이상이어야 합니다. 이것도 전용면적입니다. 화장실을 제외하고 그렇게 됩니다. 그리고 처음 운영비는 사비로 해야 합니다. 이것은 기본입니다.

그것보다 더 중요한 것은 ①운영철학이라고 할 수 있습니다. 왜 지역아동센터를 운영하고자 하는지, 어떤 지역 아동센터를 만들어야 하겠다는 운영가치관이라고 할 수 있습니다.

②인적 자원입니다. 지역아동센터는 혼자서 운영하기가 쉽지 않습니다. 누군가 함께 하는 사람들, 지원군이 있어야 된다는 것입니다. 왜냐하면 1~3년으로 끝낼 것이 아니기 때문입니다. 그래서 최소한 아내나 남편, 아니면 가족 중의 아들, 아니면 부모님.

③경제력입니다.

세 가지 부분 중 어떤 것이 준비되어 있는지요? 여기는 서울입니다만 지역이 어디 신지요? 멋진 지역아동센터를 만들어 보기를 바랍니다.^^

Q60 안녕하세요. 이번에 대학교 졸업 후 지역아동센터에서 근무를 하게 된 새내기 사회복지사입니다. 첫 출근 전 궁금한 것이 있어서 질문입니다.

① 월급이 139만원 + 12만원 처우개선비인데 이것은 세전인가요 세후인가요?

② 지역아동센터도 명절 등 보너스가 지급되나요? 또는 호봉제를 실시하나요? 쭉 같은 월급인지 궁금합니다.

③ 토요프로그램을 운영하는 곳이라 토요일도 근무를 하게 됩니다.(낮까지 근무합니다.) 이럴 경우 토요수당이 나오나요??

A. 답변 드립니다. 먼저 환영합니다!세전인지 세후인지 센터장님께 직접 답을 들으시는 것이 맞습니다. 근로계약서 작성하였을 텐데 확인하기 바랍니다. 명절 보너스가 있는 곳도 없는 곳도 있습니다. 각 센터마다 차이가 있을 수 있습니다. 급여는 해마다 조금씩 인상되는 것이 보통입니다. 토요 근무수당이 있을 수도 있습니다. 없는 경우에는 일반적으로 평일에 대체 휴무일로 쉬게 해줍니다.

열심히 하십시오.

Q61. 지금 20대 초반으로 회사 다니다가 그만두고 아르바이트를 하고 있는데요. 저는 예전부터 지역아동센터에서 일하고 싶었거든요. 거기서 일하려면 사회복지사 자격증만 있으면 되나요? 더 필요한건 없나요?

A. 저는 공부방부터 시작하여 지역아동센터까지 15년을 운영해 왔

습니다. 가장 중요한 자격증은 바로 사람을 귀하게 여기는 마음이 자격
증이지요. 사회복지시설이므로 사회복지사 자격증만 있어도 충분합니다. 2년제 대학을 나오거나 평생교육원으로 학점을 취득해도 됩니다.

저희 시설의 종사자는 2년제, 4년제, 대학원 수료자까지 고르게 있습니다. 급하다면 2년제 학위과정과 함께 자격증과정만 하셔도 됩니다. 멋진 미래를 펼쳐 나가기를 응원 합니다.^^

Q62. 지역아동센터를 준비하려고 합니다. 지역아동센터는 2년가량 자부담으로 운영해야 한다고 알고 있습니다. 2년 정도 뒤에 지원금을 받게 된다면 400만원~450만원정도라고 하는데 이 금액 이외의 모든 비용은 후원금으로 충당해야 하나요? 아동들 식비, 사회복지사 임금 등 필수적인 운영비를 따로 지원받을 수 있나요? 이 금액 이외의 모든 비용은 후원금으로 충당해야 하나요?

A. 시도마다 다 다릅니다. 서울시의 경우 개소 1년이 되면 운영비의 일부인 150만원을 매월 지급하고 있습니다. 토요일 운영 시 토요운영비도 일정액을 매월 지급됩니다.

아동들 식비, 사회복지사 처우개선비가 서울시에서 **만원, 구에서 *원 입금해줍니다.

물론 급여로 포함됩니다. 급식비의 경우는 센터 이용 아동 중 급식을 하는 아동이 10인 이상일 경우에는 급식비도 지자체마다 다르지만 한 끼당 4,000원에서 5,000원 지급되고 있습니다.

Q63. LH 국민임대주택 내 지역아동센터 설치가 가능하다고 들었는데요. 지역아동센터 설치를 위해서 임대신청을 하면 임대가 가능한가요? 아니면 LH 위탁기관 모집할 때 신청서를 내서 선정되면 지역아동센터 운영이 가능한가요?

A. 위탁기관 공모 시 신청서를 제출해서 선정되면 운영이 가능합니다. 우선적으로 LH 홈페이지에서 지난번에 신청자격, 신청서류, 신청조건 등을 살펴보고 필요한 서류를 준비하기 바랍니다. 경우에 따라서는 개인, 단체, 법인 등 신청 조건이 있을 수도 있기 때문입니다.

Q64. 지역아동센터를 운영 하고 싶어요. 시설장이라고 하나. 저는 사회복지2급, 정교사2급인데 어떻게 준비해야 하고 자격요건은 어떻게 되지요?

A. 아동복지시설의 경우 경력 3년, 사회복지시설의 경우 5년의 경력이 필요합니다.

5. 시설 입·퇴소

Q65. 아이들을 혼자서 양육중입니다. 수급자로 살아가고 있고 아이들은 7살, 4살, 3살, 2살인데 첫째, 둘째, 셋째만 보육원에 입소를 원합니다. 아직 경제적인 능력이 없어서 능력을 갖춘 후 다시 데려오려 하는데 제가 보육기관에 직접 연락 후 아이들을 입소시키는 건가요?

A. 첫째, 둘째, 셋째만 보육원에 입소를 원한다고 하였는데 모두 입소가 가능합니다. 그러나 양육자가 막내인 2살짜리를 입소하기를 희망하지 않는다면 그것도 역시 가능합니다. 아직 경제적인 능력이 없어 능력을 갖춘 후 다시 데려오려 한다면 직접 연락하기보다 구(시)청 사회복지 관련과 중에 아동 담당복지 공무원과 상담하시면 됩니다.

예를 든다면 서울의 경우 수서동의 아동복지센터가 있습니다. 이곳에서 아동과 함께 상담하시면 절차에 따라 약 2주간의 기간 동안 심리검사, 건강유무 등의 검사를 하고 보호자가 원하는 지역 중에 입소가 적절한 시설에 보내게 됩니다.

첫째, 둘째, 셋째만 보내고 넷째는 보내지 않을 수도 있습니다. 모의 입장에서 자녀가 어려서 더욱 양육이 필요하다고 인정되어 그렇다고 한다면 그러시라고 할지도 모릅니다.

그러나 시설의 대표자로서 넷째도 함께 보내는 것도 고려해 보라고 말씀드리고 싶습니다. 막내 한명을 돌보느라고 직장생활이 쉽지 않을 것으로 생각됩니다. 저희 시설의 경우 첫돌이 되지 않은 자녀가 왔을 때도 있었습니다. 그 자녀에게는 오히려 저는 아버지처럼 양육자가 되었었습니다.

그러나 무엇보다 양육자인 어머니의 결정이 가장 중요합니다. 입소를 하더라도 월 1회 정도 시설에 가서 얼굴을 보고 오거나 집에 와서 엄마랑 하루 동안 놀고 잠자고 다시 시설로 갈 수도 있습니다.

Q66. 아동복지시설 퇴소 절차가 궁금합니다.

A. 친권자와 시설장의 상담, 귀가 후 원가정에서의 주거공간, 경제적 환경 등을 확인 후 구청 주무관에게 보고, 구청 담당자의 승인 후 퇴소신청서 작성 및 제출, 원가정에서의 준비 후 구청승인 후 시설퇴소하게 됩니다.

Q67. 올해 초에 협의이혼했구요. 정신과약 복용 중 자살기도 등 여러 가지 이유로 제가 아이들을 맡기로 했고 친권, 양육권 다 가지고 왔습니다. 아직은 한부모 신청 전이구요. 설 지나면 신청하려고 합니다. 아이는 7살, 4살 남아입니다. 7세 자폐아 자녀를 맡길 수 있나요?

7살 아이는 자폐아 진단을 받아 동사무소에 서류 제출 해놓은 상태이구요.

4살 아이는 정상아입니다. 제가 하는 일이 전문직이라 평일에는 am9~pm7까지 근무이고 평일, 주말에 당직이 한 번씩 있는 일입니다. 아이를 키우고 싶어도 지금은 아이들 때문에 일도 못하고 있고 일 한다고 해도 출퇴근이 자유롭지 못해 일을 할 수가 없네요. 몇 년 후에 다시 데리고 올까 싶습니다. 물론 그때 가봐야 알겠지만요. 혹시 아이들을 보육원에 맡길 방법은 없을까요? 당장 일을 못하니 후원이라도 해가며 아이를 맡길 수 없나 생각해보게 되네요.

첫째는 장애시설에 맡기는 방법은 없을까요?

A. 빚에 대한 증명서를 갖추어서 구(시)청 사회복지 담당자를 만나 상담하시면 가능하다고 봅니다. 장애시설에 맡기는 방법도 역시 담당 공무원하고 상담하기를 권합니다.

Q68. 첫째가 2014년 12월생 시험관 아기라 방심하고 있다가 둘째가 생겨 2월 18일에 낳았네요. 출생신고도 해야 하는데 툭하면 이혼하자고 하고 그동안 길게 끌고 왔네요. 저도 이제 염증이 깊고 힘들어 이혼 진행하려 합니다. 이혼 후 아내가 아이들 신경 안 쓰고 상관 안하고 자기나라 간다네요. 월급쟁이로 부모님도 안계시고 봐줄 곳, 부탁할 곳 없는 저로서 최선책이라 보여 이렇듯 문의 드립니다.

A. 첫째가 2014년 12월생 시험관 아기였다면 5~6세가 되는데 이런 경우 시설(양육시설, 공동생활가정) 입소는 가능하다고 봅니다. 그런데 경우에 따라서는 한 시설에 함께 들어가지 못하는 경우도 생길 수 있습니다. 먼저 구(시)청 담당자나 아동복지센터에 상담해 보기를 바랍니다.

시·도마다 보건복지부 산하 아동복지센터가 있습니다. 둘째도 출생신고가 되어 있어야 시설 입소나 입양을 보내는 것이 가능합니다.

입양은 입양기관, 예로 든다면 홀트 아동복지회, 동방 아동복지회등에 직접 상담하는게 좋습니다.

Q69. 아이 둘을 키우는 한부모 가정입니다. 일을 하기 위해 아이들을 지역 아동센터에 보내려고 주변 지역아동센터에 가서 상담 받고 서류를 작성했는데 이용료가 있다고 하네요. 한아이당 5만원씩 2명이라서 10만원이라고 하시더 니 제가 일을 하지 못하고 있다고 하니 한 아이당 3만5천원씩. 2명이니 7만원 이용료가 있다고 합니다. cms동의서를 작성하면 핸드폰 비용에 추가되어서 요금에 부과된다고 하시더라구요. 현재 일을 아직 못하고 있는데다가 한부모 라 7만원도 부담이긴 한데요. 지인도 아들을 다른 지역 아동센터에 보내고 있 는데 이용료가 원래 없다고 다시 알아보라고 이야기해 주더라고요. 이용료를 어떻게 해야 되나요?

A. 환경적으로 어려운 가정 즉 차상위, 수급자, 장애인, 다문화 가정 등의 경우에는 영순위로 다닐 수 있습니다. 당연히 무료입니다. 지인이 지역아동센터장이신데 다시 가서 상담해보라고 하였다고 하시고 다시 상담해보세요.^^

Q70. 제가 엄마랑 너무 트러블이 심해서 엄마가 저를 시설에 보낸다고 내 일 상담 받으러 꼭 오라는데 죽어도 가지 않는다고 했거든요. 그런데 어쩔 수 없이 넌 가게 될 거라고 하는데 억지로 끌려가나요? 제 의사는 안 중요하고 제 가 죽어도 싫다하면 안되나요? 제 인권도 있잖아요.

A. 질문자님 엄마랑 한번 다녀오세요. 손해 볼 것 없습니다. 시설에 서는 엄마와의 상담, 자녀와의 상담을 통해 제일 타당한 방법이 무엇인 가를 함께 찾는 역할을 해주는 것이지 강제성이 전혀 없습니다. 질문자 님의 인권이 있기 때문입니다. 물론 예외인 경우 즉 부모가 질병중이라 면 예외가 될 수 있습니다.

A. 저희는 가정위탁을 두 명 한 경험이 있습니다. 한명은 7세 여아를 초등학교 들어가기 6개월 동안, 한 명은 형제 중 한명이 질병으로 1년 동안 위탁으로 돌보다가 친 부모와 합의 후 원 가정으로 보낸 경험이 있습니다. 즉 처음부터 10년까지라고 결정되는 것이 아니라 언제든지 원 가정 즉 부모와 함께 살 수 있게 되었다고 입증이 되면 원 가정으로 가는 것이 가장 바람직하다고 봅니다. 그래도 만 18세까지 즉 고3 졸업 시까지만 가능합니다.^^

A. 자녀 입양은 입양기관에 절차를 거쳐서 입양이 이루어집니다.
입양하고자 하는 자는 부나 모, 본인은 물론 부나 모의 형제들까지도 이혼이나 (성)폭력의 경력이 없어야 됩니다. 그리고 기존 자녀의 유무 또는 연령과도 관계가 있으며(부모의 학력, 경제력 등)에 대해서도 관계가 있습니다. 그리고 파양을 하는 경우도 발생하므로 신중하게 하셔야 모두에게 상처가 되지 않습니다. 지자체나 입양기관을 통하지 않고 이뤄진 것은 무효 및 법의 위반으로 처벌의 대상이 됩니다. 그러므로 입양기관을 통해서 올바르고 정확한 결정을 하시기를 바랍니다.

동 10% 중에서 인원을 빼고 우선아동을 입소시키는 건가요? 무조건 우선아동 90% + 일반아동 10% 비율을 채워야 하는 건지 아니면 우선아동 입소신청인원이 많으면 비율 관계없이 우선아동을 먼저 입소시키는 건지 궁금해요?

A. 그런데 만약 우선보호아동 90%에 일반아동 10%로 정원이 채워져 있는 상태라면 우선보호아동이 더 이상 입소가 어렵습니다. 정원이 차있는 상태에서 우선보호아동이 입소신청을 하면 기존 일반아동 10% 중에서 퇴소가 가능한 사람이 퇴소한 후 우선 보호아동이 입소할 수 있습니다. 그리고 우선보호 신청아동이 많으면 우선보호 아동이 먼저 입소되고 일반아동은 받지 않아야 합니다.

Q74. 안녕하세요. 지역아동센터에 제일 궁금한 것이 아동센터 아동들이 어떤 절차를 밟아야 다닐 수 있나요?

A. 1차적으로 가까운 지역아동센터에 가서서 신청서를 작성해서 제출합니다. 또는 거주지 드림스타트에 신청서를 작성해서 제출하기도 합니다. 그러면 추가서류를 요청하는 대로 제출하시면 신청절차는 끝나게 됩니다.(추가서류 수급자, 차상위, 한부모, 다문화를 입증할 서류와 재직증명서, 신청서, 등본, 의료보험증 사본, 보험료 납부 내역서 등)

그 이후 구(시)청에서 재산과 소득을 조회 후 이용승인 또는 이용불가라는 결정이 내려집니다.

그러면 신청하였던 기관이나 시설에서 연락이 오게 됩니다.

Q75. 제가 후원하고 있는 아이가 지역아동센터를 다닌다고 하는데 지역아동센터는 얼마나 형편이 어려운 아이들이 다니는 곳인가요? 그리고 몇 살까지

있을 수 있는지 또 한 달에 얼마 정도 내고 들어가나요? 아니면 전액 무료인가요? 이곳에서는 아이들이 무엇을 하며 시간을 보내는지요?

A. 지역아동센터에 이용 아동들은 수급자, 차상위, 한부모, 다문화 가정의 자녀, 북한이탈주민의 자녀, 장애인 가정의 자녀, 저소득가정의 자녀, 일반가정의 아동 순으로 다닙니다.

연령은 미취학부터 고3까지 이용 가능하며, 전액 무료입니다. 운영 시간은 방학 중에는 10시부터, 학기 중에는 오후1시 이후부터 저녁 6~8시까지 이용합니다. 지역아동센터 아동들이 활동하는 프로그램은 매우 다양하며, 학교숙제는 물론, 간식, 식사, 보호, 교육, 문화활동, 정서지원, 지역사회 연계 등 일반가정에서 할 수 있는 것보다 기관에 따라서는 더 많은 경우도 있습니다. 지역아동센터 사회복지사분들은 근무시간은 대개 오전 10시~7시(8시간)입니다.

6. 실습현장

Q76. 제가 사회복지 실습 프로파일 작성을 하는데 실습 중 얻고 싶은 점을 적는 중 쓸 내용이 생각이 떠오르지 않아서 도움을 청해 봅니다. 알려주세요.

A. 사회복지사로서 최고의 가치와 태도, 자세 등을 배우고, 동기부여의 기회를 얻는 것이 최우선으로 중요하다고 봅니다.

Q77. 실습 계획서에 실습 지도자 자필 서명이 필요한가요?

A. 대개는 필요 없습니다. 하지만 학교 또는 교육원 양식에 도장 찍는 곳이 있는 경우도 있습니다.

Q78. 사회복시자 관련 질문입니다. 사회복지사가 되고 나서 어떤 일을 하는지 구체적으로 알려주세요? 사회복지사가 힘들다고 해서 실습을 할지 말지 고민입니다.

A. 사회복지사의 역할은 매우 다양합니다. 행정가도 될 수 있고, 활동가도 될 수 있습니다.사회복지사는 사회와 구성원인 사람과의 관계 속에서 인간다운 삶과 사회를 만드는 일을 하는 사람입니다. 앞으로는 유망 직업의 하나라고 봅니다.급여가 적은 편이기는 합니다. 이것 역시 타 분야도 대기업, 공무원 빼고는 비슷한 경향이 있습니다. 크게는 공무원, 기업체, 교육계, 전문기관 등. 적게는 복지관, 복지시설 등입니다. 도전! 도전해 보세요.

Q79. 제가 지금 선택은 자살 VS 고아원이에요. 선택하게 알려주세요?자살은 너무 비극적인 것 같아서 또 지금 제가 사는 환경이 사는 게 사는 것 같지가 않아요.고아원에 입소하는 법 좀 알려 주세요. 힘든 거 아는데 지금 상황이 더 힘들거든요. 자세하게 아니라도 알려주세요.

A. 앞으로 잘 해결되기를 기원하며 안내해 드립니다. 고아원을 지금은 50~70명이 있는 양육시설, 5~7명이 가정처럼 함께 생활하는 공동생활가정이 있습니다. 모두 18세까지 생활이 가능합니다. 여기에서 폭력이나 폭언은 쉽게 일어날 수 없습니다. 입소는 두 가지 방법입니다.

첫째는 부모의 학대가 있어서 국가에서 보호해야 한다고 볼 때. 둘째는 경제적 문제나 건강상문제, 교통사고, 기타문제로 부모의 양육이 불가피하여 국가(구청 또는 시청)에 도움을 요청하는 경우입니다. 또 다른 방법은 쉼터 등이 있습니다.

Q80. 현재 대전의 시설에 살고 있는 22살입니다. 이제 제가 퇴소를 준비하고 있습니다.제가 퇴소하기 전에 자취방을 일단잡고 퇴소를 하면 자취방 잡은 곳으로 가려했으나 근데 집에서는 통장을 못준다는 식으로 나옵니다. 퇴소하

기 전 집 계약서 사유로 디딤 씨앗통장을 절대 못 받나요?

A. ① 디딤씨앗 통장은 시설에 입소자가 기여한 것이 아니라 국가의 정책에 따라 시설장의 의지와 수고에 공공기관 즉 구(시)청의 공무원들의 수고에 후원해주신 후원자들에 의하여 조성된 재정입니다. ② 입소자의 보호자와 시설장의 합의, 그리고 공무원, 구청 담당자, LH나 SH 담당자의 협의가 이루어 질 때 저렴한 주택에 들어 갈 수 있습니다. ③ LH나 SH의 저렴한 주거시설에 입주를 위해서는 시설장의 추천서가 필수이므로 서두르지 않기를 바랍니다.

Q81. 자격증을 받았습니다. 여기 사진이 탈부착처럼 증명사진이 되어있는데 이거 띠었다가 최근 사진으로 바꿔 놓아도 되나요? 원래 사진은 무슨 인장 같은 게 찍혀 있긴 한데.

A. 그것은 변조이므로 불가합니다. 나중에 기회가 되면 재발급 받을 때 새사진을 사용하면 됩니다.

Q82. 2016년 7월에 사회복지실습을 마쳤는데 제가 실습을 진행했던 기관의 이름이 바뀌었습니다. 바뀌고 나서 실습을 저는 진행했고요. 실습확인서에 보면 실습기관 등록번호를 기재하는 란이 있잖아요! 예전에 이름이 바뀌기 전의 등록번호를 쓰면 현재의 기관명하고 맞지 않고, 바뀐 기관명을 기재하면 등록번호가 제가 실습을 했던 기간하고 맞지 않습니다.

쉽게 말해 바뀌기 전의 기관명을 A라고 두고, 바뀐 현재의 기관명을 B라고 했을 때 A였을 때의 등록번호는 2014로 시작하고요, 현재 B의 등록번호는 2017로 시작합니다. A에서 B로 바뀐 것은 2016년 1월경에 바뀌었고 저는 B

로 바뀐 2016년 6월 말에 실습을 시작하여 7월 말에 마친 상황인데 그렇다면 실습기관 등록번호는 어떻게 기재하여야 자격증 신청이 인정될까요?

A. B라고 기입하는 것이 맞습니다. 기관등록번호 보다는 실습지도자가 사회복지경력이 인정되는지 실습지도자의 자격 유무가 중요합니다.

Q83. 매주 월요일 저녁마다 강의를 받으러 가고요. 이번 주 오늘이 실습처에 가서 언제부터 할지를 협의한 걸 제출하는 날이고 내일이 실습 날이었는데요. 교수님 말씀이 오늘 가져온 실습처들이 안되거나 너무 한쪽으로 몰려서 다음주 월요일까지 다시 정하라는데 제가 선택한곳은 가능하다고 말씀은 하시는데 한 번에 실습생들 문서들을 다 처리해야 된다고 다음 주로 하는 게 좋겠다고 하시는데요. 여기까진 상황설명이고요. 궁금한 건 사실 내일 전화해보면 되지만 미리 알고 싶어서 적습니다. 저번에 애기를 해보니 실습처 쪽 실장이란 분이 실습을 담당하는 학습센터쪽에서 뭐를 보내거나 승인을 해야 실습이 가능하다는데 그러면 센터쪽에서 승인을 할 때까진 실습을 못하나요? 아니면 다음 주 월요일 저녁에는 승인 확정지을텐데 실습을 월요일부터로 해도 되나요? 교수님 말로는 일괄로 처리할테니까 기간은 실습처랑 협의해서 정하라고 하시는데 실습처 쪽에는 학습센터에서 뭔 승인 같은 게 떨어져야 할 수 있다는데 헷갈립니다.

A. 학습센터쪽에서 실습처에 보내야 것은 실습의뢰서를 말하는 것 같습니다.

실습하는 교육기관에서 실습생의 실습신청서, 실습생 프로파일을 첨부해서 실습 의뢰서를 실습하는 기관에 보내는 것이 우선입니다. 그럴려면 실습자가 먼저 실습생의 실습신청서, 실습생 프로파일을 작성해서 실습기관에 가서 상담합니다. 이때 실습할 기관의 실습지도자의 자격 유무 등 실습지도자에 대하여 문의하고 실습기관의 실습기관등록증 (또는 실습기관 신고증, 고유번호증), 실습지도자 자격증(1급의 경우 3년 이상, 2급의 경우 5년 이상), 실습지도자 경력증명서를 받아서 교육원(학습센터)에 제출하면 됩니다. 그 다음 교육원(학습센터)쪽에서 실습의뢰서를 실습하는 기관에 보내는 것입니다.

실습 시작은 교수님이 "언제부터 실습하면 됩니다"라고 하면 그 날자 이후 교육원(학습센터)쪽에서 실습기관에 의뢰서가 가지 않았어도 실습이 가능합니다. 그 이후에 교육원(학습센터)쪽에서 실습기관에 실습의뢰서를 보내도 됩니다. 귀한 후배 사회복지사가 되세요.

Q84. 지역 아동센터 시설장 아들이 다니는 거 되나요?

A. 경제적인 소득기준이 일치 되고, 정원에 문제가 없다면 가능합니다.^^

Q85. 사회 복지실습기관을 중간에 바꿀 수 있나요? 지금 학교는 6번 중에 2번은 가고 실습은 15번 중에 1번 나갔습니다. 그런데 실습기관에선 주말에는 안한다는 통보를 받았습니다.
저는 실습기관 선정할 때 된다고 해서 그 기관을 했는데 어떻게 되나요?

A. 실습기관 변경 가능합니다. 단 현재 기관과 충분한 협의를 하시길. 그리고 급히 주말도 가능한 기관을 알아봐야 할 것 같습니다.

Q86. 사회복지 실습 질문입니다. 혹 가족이 사회복지사고 그 시설에서 일

한다고 했을 때 규정상 문제가 있는지요? 실제로 행정업무를 쭉 도와주고 있는데 가족임을 오픈하고 진행을 했을 경우 실습인정을 안 해주는지 아니면 오픈하지 않고 실습을 진행했을 때 별탈이 없을지 궁금합니다.

A. 가족이 사회복지사고 그 시설에서 일한다고 했을 때 규정상 문제가 있는 지라고 하였는데, 4대보험이 가입되어 있는 자신의 직장(사회복지시설)에서 실습을 한다면 휴직처리가 되어 있거나 연차 등 근무하지 않았다는 것이 전제로 입증되어야 합니다. 근무 시간의 실습은 가족이든 아니든 동일하게 적용됩니다. 그 외의 방법이라면 토요일이나 휴일에 그리고 휴가일 등을 포함해서 120시간이 실습 가능한 기관을 찾게 된다면 이것은 가능합니다.

Q87. 이번에 졸업을 해서 학교 측에서 단체가입을 한다는데 단체로 가입하면 연회비 3만원에 가입비 1만원 내라고 하는데 개인으로 신청을 하면 안내도 된다고 하더라고요. 이게 무슨 차이인가요? 꼭 협회에 가입안해도 되는 거죠?

A. 지금당장 가입하지 않아도 됩니다. 반면에 사회복지사로 일하기 시작할 때 그때 가입해도 됩니다.^^ 가입하면 여러 가지 정보도 알게 됩니다.

Q88. 학교에 양식이 있어서 인쇄를 다 했는데요. 제본을 해야 된다던데 이 인쇄물을 먼저 제본하고 일지 등을 작성하는지 아니면 일지 등 양식을 먼저 쓰고 그 다음에 제본을 하는지요?

A. 일지와 자료를 포함 실습일지 작성 후 제본하는 것입니다.^^

Q89. 사회복지실습계획서 세부일정이랑 실습지도서 내용이 동일해도 되나요?

A. 동일해야 맞는 것입니다.^^

Q90. 실습 기관 말고 1급 자격증 있는 사람이랑도 할 수 있다 들었는데 가능한가요?

A. 실습은 반드시 사회복지시설이나 기관에서 하여야 하며, 실습지도자가 1급인 경우 3년 이상의 경력, 2급의 경우 5년 경력의 소지자가 있어야 합니다. 물론 사회복지 실습기관으로 등록되어 있으면 더욱 안전합니다. 이것 역시 5대 보험료를 납부하고 있는 정규직 직원이어야 합니다. 실습지도자는 반드시 실습이 진행된 기관장의 직인이 날인해 주어야 합니다.

Q91. 사회복지 실습할 때 실습신청서와 실습생 프로파일을 어떻게 보내야 하나요?

A. 시간 생략을 위해 기관안내의 e메일 주소에 기본적으로 실습신청서와 실습생 프로파일을 보내드리면 됩니다.

Q92. 사이버교육센터에서 사회복지 학점을 따고 있는데요. 1학기는 끝났고 이제 실습을 해야 하는데 실습 전 필요한 서류가 무엇인지요?
① 실습서약서 ② 습생프로파일 ③ 실습신청서 ④ 선수과목 성적증명서 ⑤

실습의뢰 수락서 ⑥ 사회복지현장실습기관 등록증인데 문제가 ⑤, ⑥인데 직접 제가 찾은 실습기관에 가서 수락서와 등록증을 달라고 해야 하고 서류를 교육센터에 보내는 건가요?

A. 절차를 소개하면 실습 기관에 가서 ① 실습서약서 ② 실습생프로파일 ③ 실습신청서를 제출하고 실습기관 등록증을 달라고 하세요. 그러면 평생교육원이나 교육센터에서 기관에 ⑤ 실습의뢰 수락서를 발송하면 실습기관에서 다시 교육센터나 학교(평생교육원)에 팩스로 다시 보내드립니다.

Q93. 이번에 실습을 마치고 필요한 서류를 전부 처리하고 제본만 뜨면 되는 실습생입니다.

실습일지 포함하고 서류랑 다 포함했더니 내용이 30페이지를 겨우 넘깁니다. 목차에 표지에 간지까지 넣으면 얼추 한 40페이지가 나올 것 같긴 합니다만 제 친구는 100페이지가 넘게 나와서 제본을 했는데 저만 너무 적은 것 같습니다. 제가 행정업무를 배우지 못해서 행정업무나 자료를 쓸 수 없고, 이대로 제본해도 괜찮을까요? 아무리 내용을 늘려도 지금이 최대인데 혹시 내용이 너무 적어서 실습을 다시 해야 한다던가 점수가 왕창 깎이면 어쩌죠?

A. 걱정하지 않으셔도 됩니다.

Q94. 사회복지 실습을 하고 있는 학생입니다. 실습을 하게 되면 그 기관에 교수님께서 방문하신다고 하셨는데요. 교수님이 방문하시면 뭘 물어보시나요 (뭘 하시나요)?

A. 실습생이 실습을 잘 진행되고 있는지 확인하는 겁니다. 실습지도자 선생님과 실습이 잘 되고 있는지를 이야기합니다. 그리고 기관에 대해서 또는 하는 역할에 대해서 등등 물어봅니다. 염려하지 않아도 됩니다.

Q95. 사회복지학과를 전문대로 졸업하고 실습까지 다 했는데 자격증은 어떻게 발급하나요?

A. 한국사회복자사 협회에 문의하시면 됩니다.

Q96. 지역아동센터의 경우 오전시간은 실습시간으로 인정이 안 된다고 들었어요. 따로 관련 서류도 받아야하고 지도계획서에 기재되어 있어야 한다는데 사실인가요? 혹시 나중에 자격증 발급에 문제가 생기지 않을까 걱정이 되네요. 그냥 다른 분야 실습을 알아보는 게 좋을지.

A. 저는 지역아동센터 센터장으로 근무 중입니다. 지역아동센터는 오전에 대개 업무를 봅니다. 실습교육도 오전에 거의 이루어집니다. 사회복지 시설의 업무, 기타 교육을 대부분 오전에 하게 됩니다. 물론 지도계획서에도 다 기재되어 있습니다. 걱정하지 마시고 어느 지역아동센터이든지 사전에 방문 상담 후 기관을 선택하기를 권합니다.

Q97. 사회복지현장실습처가 실습기관 등록증을 가지고 있는지 알아보려면 직접 연락해 확인하는 방법뿐인가요? 혹시 인터넷에 기관등록증 여부를 확인할 수 있는 방법은 없나요?

A. 한국사회복지사 협회 홈페이지에 들어가서 우측 취업정보를 클릭합니다.

그 후 현장실습을 클릭하시면 사진화면이 뜹니다. 여기서 확인 가능합니다.

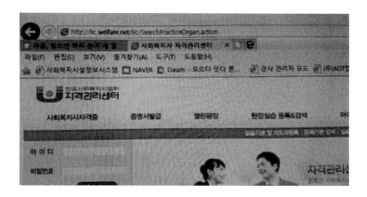

Q98. 사회복지 실습 중인데요. 실습일지도 내용이 좀 부실하고, 수업도 5회 중 1회를 결석했습니다. 과락 될까 걱정인데요. 기관과 학교 합계 총 몇 점 이상이어야 통과되나요?

60점인지 80점인지 궁금합니다.

A. 학교나 교육원에서 주는 점수 50점, 실습기관에서 주는 50점, 합계 60점만 넘으면 됩니다.

물론 출석, 수업이 반드시 통과되어야 합니다.

Q99. 제출서류가 성적증명서, 졸업증명서, 실습확인증명서 등이 있는데요. 이거 전부 다시 돌려주나요?

A. 자격증 발급을 위한 서류이므로 돌려주지 않습니다. 성적증명서, 졸업증명서, 실습확인증명서는 자격증을 발급받는 대로 사용할 필요가 없습니다. 만약 필요하다면 1부씩 추가로 준비해 놓던지 복사해 놓으시기 바랍니다.

Q100. 사회복지학과 학생입니다. 3학년 방학 때 실습을 해야 하는데 기관은 어떻게 알아보나요? 전화해서 알아보나요? 노인분야에 관심이 많아 그쪽으로 하고 싶은데 방법 좀 알려주세요?

A. 한국 사회복지사 협회 홈페이지에 자격관리센터-실습기관 등록, 검색창에서 노인분야를 검색하면 됩니다. http://lic.welfare.net/lic/SearchPracticeOrgan.action

실습이 중요합니다. 힘들더라도 배울만한 시설을 찾기를 권합니다.

Q101. 제가 사회복지실습 중인데 갑질을 당하고 있습니다. 사회복지사란 사람이 존댓말도 안하고 반말하고 15만원을 실습비로 냈는데 하는 일은 청소, 장애인이랑 놀아주기, 무거운 거 나르기 밖에 없습니다. 어떻게 해야 하나요 그리고 감사 나온다고 자기들 바쁘다고 어떠한 것도 알려주지도 않습니다.

A. 책임자되는 시설장님에게 말씀드리고 정 아니다 싶으면 환불 요청하시고 타 기관에서 하시는 것이 나을 수도 있습니다.

Q102. 제가 3주 전에 A라는 기관 실습을 합격하게 되었습니다.
저희 학교에서는 기관을 2개 신청을 할 수 있어서 A랑 B를 신청하게 되었는데 공고가 A가 먼저 떠서 A부터 넣었는데 3주 전에 합격을 했습니다. 그러다가 오늘 B라는 기관도 합격을 하게 되었습니다. 그런데 저는 그 2개 중 B라는 기관에서 실습을 하고 싶은데 A기관을 취소할 수 있나요? 아직 공문은 넣지 않은 상태입니다. 제가 걸리는 게 A 합격자 발표 전에 확실히 할 거냐고 문자 왔기에 "할게요."라고 했거든요. 그냥 전화해서 못한다고 말해도 괜찮을까요? 잘못했다간 학교 욕먹을 까봐 어떻게 하질 못하겠어요. 그냥 학교에 말하고 그쪽 실습담당자한테 말하면 되는 건가요?

A. 정한대로 실습기관에 가서 실습하면 제일 좋은데 부득이한 경우라면 양해를 구해 보세요!

물론 학교가 앞으로는 실습생을 받을때 제한을 두는 피해를 입을 수도 있습니다. 다음에는 좀 더 깊게 생각함이...

Q103. 현재 실습기관을 구하는 중인 사회복지학과 학생입니다. 자기소개서를 써서 제출해야 한다는데 어떻게 써야 좋을지 모르겠어요.

A. 실습생 프로파일 작성 중에 경력이 없다면 빈칸으로 제출해도 됩니다.

사회복지를 전공하게 된 동기는 왜 사회복지를 공부하게 되었는지 이유를 적습니다.

실습 기관 선택 이유에 대해서는 타기관도 많은데 왜 그 기관을 선택하였는지 기록하며, 실습을 통해서 성취하고자 하는 목표는 실습을 통해 얻고자 하는 것을 기록합니다.

실습을 마친 후 목표달성 정도를 파악할 수 있는 기준이란 사회복지사로서 배우고자 하는 것을 기록하면 됩니다. 사회복지를 실천하는데 있어 자신의 강점과 약점 중에 사회복지 지식 및 기술의 측면을,

그리고 전공 수업 때 배운 것 중에 사회복지를 실천하는데 있어 도움
이 될 만한 내용을 적으면 됩니다. 개인적인 특성 측면에서 실습생의
성격 중에 사회복지를 실천하는데 있어 장점이 되는 성격내용을 쓰면
됩니다.

그리고 취미 및 특기, 실습기관, 실습지도자 및 실습지도교수에게 바
라는 점 등을 기록하면 됩니다.

Q104. 지역아동센터에서 실습하는 게 힘든가요?

A. 힘들다고 하기 보다 지역아동센터 마다 다르다고 해야 할 것 같습
니다. 지역아동센터에서 실습생 뽑는 경쟁률도 지역아동센터마다 다릅
니다. 사람이 많이 몰리는 곳, 배울 것이 많은 곳은 경쟁률이 높으리라
봅니다.

Q105. 요양원에서 실습하는 거 엄청 많이 힘든 가요? 거동이 어려운 사람
을 케어하는 일이니 생각해보세요. 일도 빡세고, 쉬는 시간도 안주나요?

A. 기관마다 다를 수 있습니다.

Q106. 종합사회복지관은 실습하고 싶어도 경쟁률이 높아서, 저처럼 경력
없는 사람은 못하나요?

A. 대학교 재학생이면 가능하다고 봅니다. 물론 면접을 거쳐서 선발
하게 됩니다.

Q107. 5~6년 전에 지역아동센터에서 사회복지 실습을 마치고 실습확인서를 다 받아서 사회복지전공으로 졸업까지 다 했는데 자격증 신청을 따로 안했던 것이 기억이 나서 하려고 보니까 사회복지실습확인서 제출을 하라고 하네요. 찾아보니 분실한 것 같아서 재발급 받으려고 하는데 당시 센터장님하고 연락은 되는데 시설이 폐쇄됐다고 합니다. 센터장님도 어떻게 해야 할 지 모르겠다고 하셔서 이런 경우 어떻게 해야 하나요?

A. 실습교육을 한 학교에 문의하여 보십시오.

Q108. 사회복지실습을 12~21시까지 하기로 했는데 이중 점심, 저녁시간을 모두 제외해야하는지 아니면 저녁이나 점심만 제외할 수 있는지 궁금합니다. 답변 부탁드려요!

A. 9시간 중 1시간만 식사시간 제외 됩니다^^
그러므로 점심시간 전에 집에서 식사를 하고 센터의 일과를 시작하시기를 권합니다.^^

Q109. 이번에 사회복지학과로 편입하게 된 3학년 학생인데 이번 1학기 종강 후 방학이 시작되면 실습을 해야 합니다. 그런데 방법을 전혀 몰라서 문의하고자 하는데 상세한 방법을 알고 싶습니다. 아는 사람도 없어서 자문을 구하기가 힘듭니다.

A. 답변드립니다^^
http://lic.welfare.net/lic/ViewPracticeOrganGuidance.action
에서 실습기관 검색 후 기관 확인 후 1차 전화로 문의 후 2차로 방문이

나 e메일로 실습 신청서와 실습생 프로파일을 작성 후 보내면 됩니다.

Q110. 현재 사회복지현장실습을 진행 중인 실습생입니다. 아동복지센터에서 실습을 하고 있는데요. 제가 실습을 하러 온 건지 일을 하러 온 건지 의문이 들어 이렇게 질문을 드립니다. 이게 원래 이런 건지, 부당한 건지, 부당하다면 어떻게 조치를 취해야 할지도요.

센터에서 하루 6시간 20일 과정으로 120시간 실습으로 오후 1시부터 오후 7시 반까지 휴게시간 30분 합쳐서 하고 있습니다. 이건 제가 10시부터 7시까지 1시간 공제하고 8시간 실습하겠다고 하니 그 시간엔 애들 없다고 1시부터 하라고 해서 한 것입니다. 그래서 실습계약서에 그렇게 하기로 하고 실습중이고요. 현재 60시간 정도 하고 있는데 이때까지 사회복지 행정업무(공문서 작성, 전표작성, 프로포절) 이런 건 전혀 안가르쳐 주고 O.T 30분에 걸쳐 두 번, 안전교육 30분 한 번 하고 그 외에는 전부 초중학생 문제집 풀이해주고 있습니다. 게다가 휴게시간 30분 공제한 것도 1시부터 1시 반까지 쉬라 해놓고 사실상 한시 반 이전에 애들 오면 그 때부터 애들 학습지 풀이해주기 시작해서 5시까지 쉬지 않고 계속 붙어 앉아서 설명해주고 5시 되면 밥도 안주고 한 시간 동안 애들 반찬 빼 먹는거 있나 확인하고 책상에 흘린 것 닦아주고 떠들면 조용히 시키고. 하다가 7시 반 끝나는 시간까지 애들 문제집 풀이 봐줘야 합니다. 따로 실습일지는 커녕 사무실에 있는 컴퓨터 한 번 들여다 볼 시간 없습니다. 원래 사회복지현장실습이 이런 건가요? 사회복지 실습계약서 쓸 때 기관장, 실습지도자 인에 안 찍어 주시고 출근기록부에도 그냥 저 혼자 출퇴근 시간만 적고 실습지도자분은 한 번도 서명 안 해 주실 뿐 아니라 금요일에는 7시30분까지가 아닌 7시13분 즈음에 그냥 30분에 퇴근 쓰라 그러고 가라고 합니다. 그냥 학습지 풀이해주고 급식지도 봉사활동 하러 온 것 같습니다. 다른 사회복지 현장실습 하신 분들도 이렇게 하셨나요?

A. 먼저 시설장의 한 사람으로 죄송한 마음입니다.^^

기관마다 차이가 있습니다만 조금 미흡하다는 생각이 듭니다.

이제 중간쯤 되었으니 앞으로 어떻게 진행되는지 알려 달라고 요청해 보시기 바랍니다.

Q111. 4년제 사회복지학과에 재학 중인 3학년 학생인데요. 과목 중에 '프로그램 개발과 평가'라고 프로포절 작성방법을 배우는 과목이 있는데 이 과목을 꼭 들어야하나요?

선배들한테 물어봤더니 실습할 때 도움이 되니까 듣는 게 좋다, 아니다 굳이 들을 필요는 없다 이렇게 의견이 반반입니다. 과목 자체도 어려운데다 과제도 만만치 않아서 고민입니다. 사회복지학과 졸업생 혹은 현장실습을 다녀온 분 혹은 현재 사회복지사로 근무하고 계시는 분들의 의견을 듣고 싶어요.

A. 듣지 않아도 특별한 어려움은 없습니다.

Q112. 저는 이번 3월부터 사회복지실습을 나가는 사람입니다. 그런데 사회복지실습 일정 중 하루를 빠져야 할 일이 생겼어요. 그래서 원래 안 나가는 날로 하루 대체하려고합니다.(하루 더 빨리 시작하려 합니다.) 가능할까요? 꼭 빠져야하는데 그 날은 제가 미처 생각을 못하고 실습표를 작성해버렸어요. 이미 실습가도 된다고 다 완료된 상태인데 딱 1번만 실습일정을 변경할 수 있다고 하더라고요. 학교에서는 본인진료일 경우에는 진료확인서도 같이 제출하라고 올려놓았고요. 그러니까 개인사정으로 빠질 경우 꼭 관련서류를 제출하라고 하였습니다.

A. 기관과 상의하면 100% 됩니다.

실습일지에 시간대를 작성해야하는데 제가 캠프 다녀오면 8시간 이상이거 든요. 다 세세히 작성해야하나요? 아님 딱 8시간만 작성해야하나요?

A. 일반적으로 실습은 1일 8시간을 인정하고 있습니다. 캠프 등의 행사를 하는 경우에는 사전에 실습학교 담당 교수님과 사전에 합의가 된다면 8시간 이상을 인정받을 수도 있습니다. 그렇지 않은 경우라면 8시간 이상에 대해서도 일지를 기록할 수는 있지만 단 8시간까지만 인 정을 받게 됩니다. 예를 들어 사실대로 기록하고 그 내용을 상세하게 3~4줄 정도로 작성하면 좋겠습니다. 다시 말해서 8시간 이상을 작성 해도 됩니다. 거듭 말하지만 실습 내용은 상세하게 기록하기를 권하고 싶습니다.

실습을 하고 일지를 쓰면서 쓸 내용이나 이런 게 없어서 약간의 거짓을 쓴다 거나 등 그리고 물론 거짓으로 쓰면 안 되겠지만 만약 거짓으로 쓰면 걸리는 법이 있나요?

A. 실습한 내용을 실습일지에 쓰면 됩니다.

만약 쓸 내용이 없다면 그 시설에서는 실습하지 않는 것이 바람직합 니다. 부득이 진행되고 있다면 상세하게 쓰는 것을 권장하고 싶습니다. 실습을 사회복지사로서의 역할을 배우는 기간입니다. 단순히 자격증을 받기위한 것이 될 수 없다는 말씀을 드리고 싶습니다.

Q115. 사회복지실습을 신청하는 방법을 자세히 알려주세요. 그 기관에 가서 실습이 되는지 안 되는지 물어본 다음에 무슨 서류 받아오라는데 서류단계부터 모르겠어요.

A. ① 필요서류로는 사회복지 실습기관 등록증 사본(사회복지사 협회 인증) 1부, 슈퍼바이저 사회복지사 자격증 사본, 십습지도자 사회복지 경력증 1부(2급일 경우 5년 이상 경력, 1급일 경우 3년 이상의 경력), 시설신고증이 기본입니다.
② 사회복지사 협회 홈페이지에서 우측 취업정보 → 현장실습을 클릭 후 지역과 분야(예를 들어 아동, 어르신, 장애인 등) 중에서 선택하여서 신청하시면 됩니다. 권한다면 사전에 꼭 방문하셔서 진행될 내용을 사전에 파악하시는 것이 기본입니다.

Q116. 아동센터 안전귀가지도일지는 어떤 식으로 작성해야하나요?

A. 귀가지도란 지역아동센터를 마치고 집으로 돌아가게 될 때에 귀가하는 아동들을 대상으로 하는 것을 말합니다. 그렇다면 센터를 마치고 집으로 귀가하기 직전 친구들과 놀이터나 다른 곳에 가지 않도록 주의사항을 주는 것도 귀가지도가 됩니다. 센터를 나가는 경우 아동들을 배웅하는 것도 귀가지도입니다. 차량을 주의하면서 집으로 귀가하게 하는 것도 귀가지도입니다. 이 모든 일을 안전하게 진행되도록 한 내용을 일지로 작성하는 것이 안전귀가일지에 해당되는 내용입니다.

Q117. 제가 이번에 실습을 나가게 되는데 기관에서는 저희학교 실습일지를 가져오라 하셨는데 조교 선생님께 물어보니가 저희학교는 양식이 따로 없다고 합니다. 그럼 양식 아무거나 가져가야 하나요?

A. (부록 참조)

Q118. 제가 사회복지실습일지를 잘못 제본해서 따로 복사본을 마련하지 못한 채로 원본으로 가지고 있던 것 위에 제본해버려서 급하게 링제본 된 것을 다시 복사했는데 아무래도 링제본 상 구멍이 뚫려있어서 복사한 것에 그 자국들이 다 나 있습니다(그리고 제본에 사용된 일지 원본은 사용을 못하게 되었습니다). 일단 어쩔 수 없이 그 자국들에 일일이 화이트 칠을 해서 가리긴 했는데 괜찮은 것인지 질문 드려요.

A. 먼저 걱정하지 말라고 말씀드리고 싶습니다. 기관마다 링제본 보다는 떡 제본을 하는 경우가 많습니다. 링 제본은 낱장이 분실될 우려도 있기 때문입니다. 일지가 정확하게 120시간 이상 기록되었다면 문제가 없다고 하겠습니다. 그 외에 가능한 실습일지는 대개 원본과 사본을 하게 됩니다. 학교에는 당연히 원본을 제출하시고 사본은 기관에 1부, 사본 1부는 실습생이 보관해두는 것이 일반적입니다. 복사본이 조금 지저분하게 되었더라도 원본에 시간, 일자, 내용 등이 문제만 없다면 걱정하지 않아도 되겠습니다.

7. 지역아동센터

Q119. 사회복지 실습 야간으로도 가능한가요?

A. 흔하지 않지만 생활시설, 양육시설에서 하루에 4시간 정도는 가능합니다.

Q120. 지역아동센터는 어떤 곳이고, 무슨 일을 하는 곳인가요? 구체적으로 설명 부탁드립니다.

A. 아동복지법에 의하여 2005년에 만들어진 아동복지이용 시설입니다. 보호, 교육, 정서지원, 문화활동(프로그램), 지역사회 연계 등의 5대 부분으로 구성되어 있습니다. 지역아동센터 이용 연령층은 초등학생부터 고등학생까지 다양합니다.

지역아동센터마다 다르겠지만 대부분 수급자, 차상위, 다문화, 한부모, 저소득 가정의 자녀가 우선적으로 이용하고 그 외 일반인들도 일정 비율 이용할 수 있습니다.

주 업무는 지역아동센터 아이들이 오기 전까지는 기관에서 행정, 프로그램 준비 등을 하고, 아동들이 학교에서 오면 아이들 학습 지도를 보조합니다. 주로 가르치는 일은 아동복지교사나 강사들, 또는 자원봉사자, 아르바이트 대학생들이 지도합니다. 부득이한 경우 사회복지사도 진행할 수도 있습니다. 약 2년간은 자비량으로 운영하며, 2년 경과되면서부터 일정한 보조금을 국가가 지급하는 단계로 되어 있습니다. 전국의 약 4,500개의 숫자가 있다고 봅니다.

Q121. 사회복지 실습을 끝마친 학생입니다. 다름이 아니라 일지를 제출할 때 실습 기관에 제출할 제본을 했었는데 그걸 잃어 버려서 다시 해야 할 거 같은데 담당 학교에 전화해서 얘기 하면 될까요? 일지는 반환이 안 된다고 해서 막막합니다.

A. 기관마다 실습일지를 실습생으로 부터 받아 두는 곳도 있고 그렇지 않은 곳도 있습니다.

기관은 의무적으로 받아 두는 곳이 아닙니다. 그러므로 실습기관에 양해를 구하시면 된다고 봅니다. 귀한 사회복지사가 되십시오.

Q122. 사회복지사 현장실습을 하고 있는 직장인입니다. 교대근무를 하고 있어서 야간에 끝나고 현장실습 중인데 이럴 경우 증빙자료가 필요한가요?

A. 처음부터 교대 근무라면 증빙을 요구하지 않을 수 있습니다. 걱정하지 않아도 됩니다.

Q123. 4월부터 지역아동센터에서 근무하게 된 사회복무 요원입니다.
다름이 아니라 지역아동센터가 어떤 식으로 운영되는지 궁금한 점이 있어서
질문드립니다.

초등학생들로만 구성된 지역아동센터라 아이들 학기 중에는 2시쯤이나 돼
서야 아동센터로 아이들이 온다고 하는 데요. 방학 때는 아이들이 센터에 아
침 일찍부터 오게 되는 건가요?

답변 부탁드립니다

A. 예. 맞습니다.^^
여름방학, 겨울방학 중에는 학기중보다 역할을 많이 해야 하는 상황
입니다.

Q124. 지역아동센터가 뭔가요?

A. 지역아동센터는 방과 후에 이용하는 아동복지 시설입니다.
학습지도는 물론 보호, 교육, 문화활동, 정서지원, 지역사회 연계 등
다양한 활동을 하는 곳으로 시설마다 차이는 있으며 초등학교에서 고3
까지 무료로 이용하는 시설입니다.

Q125. 센터에 다니고 있는 아이 부모인데요. 혹시 센터인원이 정해져 있나요?

20명 정도면 그다음에 들어올 아이들은 돈을 받고 받아주시던데 그리고 어
디를 놀러 가는 게 정해지면 나라에서 아이들 지원해주셔서 가게 되는 건지.
센터에서 자부담으로 지원해주셔서 가는 건지요? 어떤 아동은 돈을 내라하고
다른 어떤 아이는 면제해주고 하던데 그게 맞지 않는 것 같아서요. 아동 한명
당 센터로 지원해주는 금액이 있나요? 안다니면 그만 인 것이 아니라 없다고

무시당하면서 그냥 있어야 하니 센터에서 그렇게 하는 건 아니라는 생각이드 네요.ㅜㅜ

A. 센터인원이 정해져 있습니다. 대개 20~30명 정도 됩니다. 그 다음에 들어올 아동들에게 돈을 받고 받아주었다고 하였는데 정원의 범위 내에서 국가의 지원을 받지 않는 경우 운영위원회를 통해서 일반 아동의 경우 실비로 3~5만원 정도 받기로 하여 구(시)청에 보고하고 승인받으면 가능합니다. 정원이 넘었는데 별도의 비용을 받는다고 인원이 추가되면서 더 받을 수는 없습니다.

어디를 놀러 가는 게 정해지면 나라에서 지원해준 운영비로 가거나 후원 받아서 가는 경우도 있습니다. 센터에서 자부담으로 지원해주는 경우도 있습니다.

어떤 아동은 돈을 내라하고 다른 아동는 면제해 주었다고 하셨는데 별도의 경비로 돈을 지출해야 하는 경우 수급자나 차상위, 한부모 가정의 자녀들에게는 받을 수 없습니다. 그 외 일반 아동의 경우에는 실비(적은 금액)를 요청할 수도 있습니다. 아동 한 명당 센터로 지원해주는 금액은 물론 없습니다.

Q126. 대학교로 실습교육을 받으러 가는데요. 강의 계획서에 중간, 기말 시험도 있고 과제에 발표, 토론도 있더라고요. 보통 다 이런지요? 실습 전에 인터넷 강의 들을 때 중간, 기말, 토론 전부 있었는데 또 하는 건가요?

A. 예. ^^그렇습니다. 같은 내용입니다.

Q127. 아동분야로 실습을 가고자 합니다. 집에서 가까운 곳을 찾아 전화

를 드렸고 제가 실습하는 기간과 맞아 떨어졌고 몇몇 곳에서 방문해서 애기하자고 하였습니다. 올 때 이력서 같은것도 가져오라 하던데 따로 준비해가야 할 것이 있나요? *월 실습예정이고 미리 구하는 중이거든요. 여러 곳을 방문하면서 분위기도 보고 선택(?)하고 싶거든요. 보통 방문해서 애기하자하면 거의 확정인가요? 실습을 하기 전에 알아가야 할 것들이나 중요한 것 등등 궁금해요.

A. 실습신청서, 실습생 프로파일, 이력서. 실습신청서는 시설에 가서 기록해도 됩니다. 여러 곳을 방문하면서 분위기도 보고 결정하는 것이 좋습니다. 보통 방문해서 애기 하자하면 거의 확정되는 것이 아니라 실습을 시작하기 전에 센터장이나 사회복지사님에게 먼저 역할이 무엇인지 꼭 물어보세요. 그냥 단순한 일, 즉 청소하고, 설거지만 하는 경우도 있을 수 있기 때문입니다. ^^

Q128. 원래 이렇게 실습기관 구하기 힘든 건가요? 사이트상 올려진 기관만 실습 가능하다는데 어째야하죠?

A. 지역이 어디인지요? 싸이트에 올라와 있지 않았어도 2급사회복지사로서 5년 경력자거나 1급 복지사로서 3년 이상의 경력자로 실습지도 교육을 받은 분이 있다면 가능합니다.

Q129. 사회복지실습일지 제본할 때, 한국 사회복지사윤리강령, 사회복지사선언문, 사회복지사의 기본적 윤리기준 등 이런 것도 필수로 넣어야 하나요?

A. 넣지 않아도 됩니다. 왜냐하면 학교에서 준 자료는 공통적이기 때문입니다.

그 외에 실습기관에서 주는 것은 일지 뒷면에 모두 자료로 첨부하면 됩니다.

Q130. 제가 지금 지역아동센터에서 사회복지현장실습을 하고 있는 데요. 센터에서 아동들과 함께 롯데월드를 가요. 그러면 실습일지에 롯데월드를 간 것을 써도 되는 건가요? 아니면 다른 프로그램이라고 지칭하면서 써야 하나요?

A. 당연히 체험활동이나 문화체험 등으로 제목을 적고 시간대별로 활동 등을 자세히 적으면 됩니다. 실습생으로서 사회복지사를 보조해주는 내용 중심으로 적고, 그에 따른 소감이나 의견을 기록하시면 됩니다.

Q131. 제가 지역아동센터로 실습을 가려고 하는데 지역아동센터의 전반적인 업무는 무엇인지 알려주세요?

A. 저는 지역아동센터가 되기 전 공부방부터 시작해서 현재 10년 이상 지역 아동센터장으로 일하고 있습니다. 지역아동센터에서 하는 일은 일반적으로 다음과 같습니다.

① 사업계획서 작성: 시설의 연간 사업계획서 작성, 그 외에 사업계획서 대개 프로포절 작성이라고도 합니다. 공동모금회를 비롯하여 각종 사회복지 재단 등에 사업계획서를 작성하여 제출하는 일을 합니다.

② 프로그램 운영: 보호, 교육, 문화체험, 정서지원, 지역사회 연계로 크게 5대부분으로 다뤄지고 있습니다.

③ 시스템 활용 및 행정 문서 작성: 사회복지 시설 정보시스템을 사용하게 됩니다. 활용방법은 인터넷을 통하여 언제든지 업그레이드 교

육을 받을 수 있습니다. 그러므로 시스템 활용에 대해 주눅들지 않으셔도 됩니다. 또한 문서도 정해져 있습니다. 그러니 역시 잘 할 수 있습니다. 그리고 회계도 시스템을 통해서 다뤄지고 있습니다.

④ 상담(또는 만나는) 대상: 아동, 청소년, 학부모, 학교 선생님, 공공기관 공무원, 지역사회 주민, 자원봉사자, 후원자, 기업 등을 만나보게 됩니다. 따라서 상담을 하게 되지요! 그래서 사람을 만나는 일을 좋아하면 좋습니다. 물론 처음부터 가능할 수도 있지만 점차 좋아질 수도 있습니다. 그 외에도 후원자 발굴, 홍보, 자원봉사자 발굴 관리 등 다양합니다.

⑤ 대상으로는 초등 고학년이 있는 경우도 있고, 인원이 적은 경우도 있고, 많은 경우도 있습니다. 그 외에도 중학생, 고등학생이 있는 경우도 있습니다.

Q132. 사회복지실습기관 중 동일직장은 안 된다고 하는데. 소속 법인은 같으나 기관이 다를 경우 소속된 기관이 아닌 같은 법인 내 타 기관에서 실습은 가능한가요?

A. 동일 직장만 아니면 됩니다.

Q133. 제가 이번에 실습을 하게 되었는데요. 실습시간 11시부터 19시까지 하는데 A지역아동센터에서 실습을 합니다. 근데 거기서 점심시간까지 포함해주신다고 하셔서 점심시간까지 포함해서 총 8시간을 채우고 있는데 자격증 발급기관에서 인정해줄지 궁금합니다.

A. 사회복지사 자격증은 보건 복지부의 위탁을 받아 사회복지사 협

회에서 발행하게 됩니다.

　실습지도자가 잘 모르고 말한 것 입니다. 실습일지를 차라리 10시부터 하는 것으로 작성하고, 점심시간 제외 그리고 19시까지 하는 것으로 해서 일지에는 점심 포함 총 9시간으로 기록되는 것으로 실습지도자와 다시 상의하시기 바랍니다.

Q134. 아동센터아이들이랑 친해지는 방법 아시나요?아무래도 제가 선생이니까 먼저 다가가면 아이들도 다가오고 저한테 장난도 잘 치고 그럴까요? 실습생언니는 몇 번 많이 해서 그런지 잘하는데 저는 실습생이 아닌 것 같아요.

　A. 아동의 눈높이가 되어 주세요. 들어주고 함께 해주는 것이 필요합니다. 지시나 가르치려는 마음보다 눈높이로 이해해주는 마음이 우선입니다. 그리고 처음부터 다 잘하는 사람은 아무도 없습니다. 시행착오 뒤에 완숙함이 따르게 되는 것입니다.^^

Q135. 학점은행제 통해서 1학기 중반정도 왔는데요. 이제 2학기 때 실습기관 찾아서 대학평생교육원 같은데 찾아가서 오프라인 현장수업 들으면서 실습 같은 경우도 개강과 맞추어서 현장 실습기관 찾아서 수료해야 되는 것 맞지요? 그런데 제가 현장실습을 하려고 준비해 놓은 곳이 있는데 제 거주지는 천안이고 거기는 화성입니다. 이럴 경우 화성에서 현장실습 받으려면 어떻게 해야 하나요? 거주지를 화성으로 옮겨서 평생교육원도 그쪽 대학연계하면 가능한 건지
　아니면 천안에 거주지 둔 상태에서 교육원이랑 현장실습기관은 화성에서 해도 되는 건지 자세히 알려주시면 감사 하겠습니다.

A. 거주지와 실습기관은 별개입니다.^^

저희는 지방에 주소가 있는 학생이 서울에 와서 실습을 한 적이 있습니다.^^

Q136. 사회복지실습인증사진은 꼭 본인이 나온 상태로 찍어야 되나요? 주간보호센터인데 설거지나 빨래 너는 거 그리고 프로그램 할 때 옆에 서 있는 것만 찍으면 되나요? 어르신들이랑은 안 찍어도 되나요?

A. 실습하는 사람이 어떤 활동을 하는지 확인하는 절차라고 보면 됩니다.

이 사진은 다른 곳에 쓰이지 않는다고 보시면 됩니다. 실습생의 얼굴이 나오지 않는다면 확인이 어렵기 때문입니다. 어른신들의 얼굴이 정면으로 나오지 않게 찍으시면 됩니다.

Q137. 사회복지 실습지도 인원이 5명이면 다 같이 하는 건가요? 저는 친구랑 실습하고 싶었는데 친구가 하는 곳은 집이랑 멀어서 어쩔 수 없이 혼자하는데 제가 낯을 가리는 편입니다. 그래도 적응되면 활발해지는 성격입니다. 그런데 잘할 수 있을지 모르겠어요. 5명 써져있는데 저 혼자하진 않겠죠?

A. 최대 1회에 5명까지 실습지도가 가능하다는 뜻입니다. 1명이 할 수도 있으며, 5명이 할 수도 있습니다.

Q138. 사회복지 실습을 신청하려고 하는 데요 신청 접수 기간 날짜만 적혀 있고 시간은 적혀있지 않네요. 그러면 날짜 당일 오후 11시 59분 전까지만 제

출하면 된다는 의미인가요?

아니면 암묵적으로 정해진 시간이 있는 걸까요?

A. 날짜 당일 오후 11시 59분 전까지만 제출하면 된다는 의미로 봐도 됩니다. 그렇지만 미리 제출하고 확인 받는 것이 좋습니다.

Q139. 지역 아동센터에 취업하고 싶은 사람인데 업무에 필요한 능력과 저에게 하고 싶은 말 좀 알려주세요.

A. 성실함과 클라이언트에 대한 존중감을 가지시기 바랍니다. 사회복지 현장에서는 필수적인 3요소가 있습니다. 후원자 발굴, 지역사회 연계, 자원봉사자 발굴에 적극적인 자세를 가지기를 권합니다. 나는 어떤 사회복지사가 될 것인가를 늘 자문하는 자세를 권해 드립니다.

Q140. 저는 모 대학 아동복지전공을 하고 있고 보육교사+사회복지사 자격증 취득하며 졸업예정 중인 4학년 남학생입니다. 지역아동센터 채용공고나 모집공고는 어디서 알 수 있는 건지 제가 내공이 부족하여 알지 못해서 이렇게 센터장님께 질문을 드려서 조언을 받고 싶은데 도움을 주실 수 있을까요?

저 역시 아이를 좋아해서 아동 관련 기관에서 일을 하고 싶은 마음이 있습니다. 저는 어린이집에서 보육교사를 하고 싶지만 남자라는 이유로 보육교사로서 취업을 하는데 어려움이 많다는 이야기를 수차례 들어서 답답한 마음이 들기도 하고 만에 하나 보육교사로 일을 하는데 어렵다면 그다음 일하고 싶은 직장이 지역아동센터입니다. 현장에서 오랫동안 일하시고 계셔서 조심스럽게 질문을 드립니다.

A. 사회복지에 그것도 지역아동센터에 관심을 가지고 있다니 반갑습니다. 지역아동센터 채용공고나 모집공고는 전지협, 한국 사회복지협회, 사회복지사 협회, 예를 들면 서울시사회복지사 협회, 복지넷, 지역아동센터 중앙지원단, 지역아동센터 서울시 지원단홈페이지에서 가능합니다.

Q141. 제가 이번에 지역아동센터에 사회복지사(생활복지사)로 취업하게 되었습니다. 그런데 면접 때 지역아동센터에서는 이런 일들을 하고 그리고 아이들 공부도 같이 하고 모르는 것이 있으면 알려줘야 한다고 하시더라고요. 처음에는 그렇구나 했습니다. 그런데 지금 저를 포함해서 총 3명이 일을 하는데 저는 제가 아예 아이들 공부지도 담당이 될 줄은 몰랐습니다.

지금 당장 제가 취업한 지 얼마 안 되서 서류 작업은 아직 없지만 아이들과 친해지라는 명목 하에(저는 정말 아이들과 친해지라는 의도인 줄 알았습니다) 계속 아이들 공부하는 거 봐주고 모르는 거 있으면 알려 주다보면 어느새 애들 저녁시간이 되서 애들 저녁 먹고 그 다음에 다시 또 공부하고 여러 명을 감당하다보면 어느새 퇴근시간이 됩니다. 퇴근시간 때쯤에 "일이 어땠냐 할 만하냐"라고 물어보실 때나 "앞으로 이런 일을 하면 된다"고 하시면서 선생님이 "공부방 선생님으로써"라고 말씀하시는데 그 때 느꼈죠. 생각하던 거와 많이 다르다 싶었습니다.

솔직히 말하면 제가 아이들을 대하는 데 있어서 어떻게 해야 할지 감이 안 잡히는 것도 있고 남을 가르치는 게 서툰 것도 있는데(물론 초등수학, 중등수학이 많이 부족한 점도 있습니다)

솔직히 제일 큰 건 아이들을 좋아하는 편은 아닙니다. 세상사는 데 힘들지 않은 일이 어디있겠냐고 일단 시작은 했는데 막상 하고나니 불안해요. 제가 과연 이 일을 제대로 할 수 있을지 이 일을 계속 하는 게 좋을까요? 아니면 관두고 다른 직장을 알아봐야 할까요?

A. 먼저 센터장으로 아쉽고 미안한 마음입니다.^^

지역아동센터는 사회복지 시설입니다. 학습지도가 주가 아니라 많은 업무 중 하나라고 해야 맞습니다. 학습지도도 아동복지교사나 자원봉사자 등이 학습지도를 잘 할 수 있도록 지원하는 사람이 사회복지사입니다.

이 일을 계속 할지 고민을 하셨는데 깊게 생각해보고 솔직하게 센터장님에게 자신의 심정을 말씀드리며 상의하기를 권합니다.

Q142. 사회복지 실습을 해야 하는 상황입니다. 대학교 출석 3번? 실습시간 120시간을 채워야하는 걸로 알고 있습니다. 실습 필요 이수과목은 이수한 상태이구요 온라인 평생교육원의 경우 실습 수강비가 대부분 30만원이라고 적혀 있잖아요. 그게 모든 실습비와 대학교 소개비 가 다 포함된 금액인건가요? 제가 실습관련 대학교 출석 3회와 실습할 기관을 스스로 찾아보고 알아보면 비용이 절감되는 건가요? 대학교 출석 3번이라는 말이 무엇인지 자세한 설명 부탁드립니다.

A. 30만원은 학교에서 교육받기위해 내는 비용입니다. 실습기관에서는 실습비 보통 10만원 지출해야 합니다. 식사비는 별도입니다.

Q143. 지역아동센터에서 근무하게 된 신규 생활복지사입니다. 운영주체는 개인이고 기본금은 140만원 됩니다. 지역아동센터 생활복지사도 추석상여금을 받는지 궁금합니다. 시에서 수당 지원받고 있으며 급식비 프로그램비 등 지원받고 있습니다.

A. 먼저 추석이나 설날 상여금이 있는 곳이 많지 않습니다. 복지관 부설인 경우에는 지급되는 곳도 있습니다. 그러나 대개는 없는 경우

입니다. 급여에 대해 논한다면 기본급이 156만원 이상으로 권고되고 있으며, 처우개선비 역시 구비, 시비를 지원해주고 있습니다. 현재는 호봉도 인정되지 않고 있지만 차후 개선의 여지는 많다고 할 수 있습니다.

Q144. 지금 사회복지학과 다니고 있는 학생입니다. 필수과목만 이수하면 사회복지사2급 자격증이 나온다고 하던데 이 자격증 평생 가는 건가요?

A. 범죄로 인해 취소되기 이전에는 평생 갑니다. 그 평생은 현재 사회복지사로는 60세, 시설장으로는 65세까지 일할 수 있습니다. 꼭 취득해 놓으십시오.

Q145. 지역아동센터로 사회복지실습을 나가려고 합니다. 그런데 서류준비가 많고 잘 모르는 부분이 많네요. 실습 신청서 내용 중에 〈실습의뢰내용〉이 있는데요. 실습부서, 실습분야, 실습내용을 실습생이 써야 하나요? 그럼 어떻게 써야 하나요? 좋은 답변 주시면 감사하겠습니다.

A. 실습부서는 예를 들어 복지관이나 지역아동센터의 경우라면 '총무부'도 가능합니다만 기관에 문의하면 됩니다.
실습분야는 아동, 장애인(복지관, 지역아동센터)
실습내용는 예를 들어 복지관 이용자 프로그램 보조활동, 복지관 업무 / 지역아동센터라면 지역아동센터 업무라고 하셔도 됩니다.^^
위와 같은 내용을 실습생이 쓰는 것입니다.

사회복지실습을 하려면 대학교에 신청을 해서 교육도 5번 정도 들어야하고 실습도 120시간 채워야 하는 걸로 알고 있는데요. 대학교 실습신청서에 보니까 실습기관명과 실습지도사 이름과 직위도 적으라고 되어 있더라고요. 그래서 사회복지사협회 홈페이지에 들어가서 원하는 기관을 찾아서 전화를 했거든요. 그곳에서 실습해도 되냐고요. 그랬더니 된데요. 일단 이렇게 끊고 대학교신청서에 해당실습기관에 대해 적고 제출했습니다. 이렇게 하는 것이 맞는건가요? 이렇게 신청해 놓으면 대학교에서 알아서 실습기관에 저에 대한 정보와 신청서를 넘겨주나요?

A. 저는 실습하는 기관입니다.^^

실습시간 120시간 맞습니다.^^

그리고 실습기관에 가능하면 방문해서 기관도 살펴보고 면접하고, 실습지도자와 상담하는 것이 정확합니다. 전화와 현실이 간혹 다를 수도 있습니다.

학교에 신청해 놓으면 실습기관에 학생에 대한 정보와 신청서를 넘기는 것 맞습니다. 팩스나 이메일로 가게 됩니다. 귀한 실습되기 바랍니다.

A. 5대 사업으로 보호, 교육, 문화지원, 정서, 지역사회 연계로 되어 있습니다.

5대 영역이라고 하기도 합니다.

① 보호프로그램: 보호프로그램은 아동이 안전한 곳에서 건강한 생활을 할 수 있도록 지원하는 프로그램으로, 생활(일상생활관리, 위생건

강관리, 급식지도)및 안전(생활안전지도, 안전귀가지도, 5대 안전의무
교육)으로 구성.

② 교육프로그램: 교육프로그램은 다양한 교육활동 지원을 통해 아
동의 몸과 마음을 건강하게 성장할 수 있도록 지원하는 프로그램으로
학습(숙제 및 교과학습지도), 특기적성(예체능 활동 및 적성교육), 성
장과 권리(인성·사회성, 자치회의 및 동아리 활동)로 구성.

③ 문화프로그램: 문화프로그램은 다양한 문화활동 지원을 통해 즐
거움과 심리·정서적 안정감을 제공하여 아동의 정서적 성장 촉진을
도모하는 프로그램으로, 체험활동(관람·견학, 캠프·여행) 및 참여활
동(공연, 행사)으로 구성.

④ 정서지원프로그램: 정서지원프로그램은 아동 및 가족에 대한 지
원을 통해 가족기능을 강화하는 프로그램으로, 상담(연고자 상담, 아동
상담) 및 가족지원(보호자교육, 행사·모임)으로 구성.

⑤ 지역사회 연계프로그램: 지역사회 연계프로그램은 지역네트워크
를 통해 아동들에게 필요한 서비스를 제공하고, 지역아동센터 필요 자
원 공급 및 지역사회에서 필요 자원으로 역할을 수행하기 위해 지역전
문기관과 연계하는 프로그램으로, 홍보(기관홍보) 및 연계(인적 연계,
기관연계)영역으로 구성되어 있습니다.

Q148. 아동복지시설(공동생활가정) 혹은 그룹홈을 개설하려고 합니다. 시
설장의 자격기준은 어떻게 됩니까?

A. 공동생활가정에 대하여 관심을 가지고 있다니 환영합니다. 저는
공동생활 가정의 대표이기도 합니다. 아동복지 – 공동생활가정, 지역
아동센터 – 경력 3년 이상, 또는 사회복지 경력 5년 이상 경력증명을
할 수 있는 자이면 시설장의 자격이 있습니다.

또한 1급 보육교사로 5년의 경력자이면 가능합니다.

Q149. 지역아동센터가 어떤 일을 하나요?

A. 지역아동센터는 2005년 1월 1일부로 아동복지법 개정에 따라 아동복지시설이 된 사회복지시설입니다. 기관에 따라 차이는 있으며 대개 다음과 같은 일들을 하고 있습니다.

① 지역아동센터 형성 배경은 1980년대 이전 대학생들과 NGO단체, 교회, 사찰, 캐톨릭 등에서 빈곤아동을 돌보기 위하여 공부방을 만든 것이 시초가 되었습니다. 2004년 7월 아동복지법의 개정이 입법 예고되었으며 2005년 1월 1일부로 '**지역아동센터'라는 명칭으로 아동복지 시설이 되었습니다. 현재 전국적으로 약 4,500개가 있습니다. 국가는 물론 지자체, 개인, 단체, 법인 등이 설치할 수 있습니다. 또한 일부는 시(구)립, 공립시설도 있습니다. 재원도 설치하는 곳, 개인이면 개인이, 단체면 단체가, 법인이면 법인에서 1년간 전체비용을 부담을 하고, 2년차에는 각 시도에서 일부를 부담하기도 합니다. 만 2년이 지나면 진입평가를 거쳐서 국가가 전체의 비용을 보조금 형태로 지급합니다. 대상자는 수급자, 차상위, 한부모, 다문화, 탈북자가정의 자녀, 저소득 가정 등이 정원의 80% 이상 우선적으로 이용이 가능하고, 일반가정도 20%미만의 범위에서 이용이 가능합니다.

② 그러나 그 비용이 충분하지 않으므로 개인 시설은 설립자가 일부를 자부담 형태로 부담하고, 단체나 법인이 설립한 시설도 역시 단체와 법인이 전입금으로 지원하는 것이 일반적인 예입니다. 그 외에 시립이나 구립, 공립센터는 환경이나 재정이 조금 나은 편입니다. 인원수에 따라 월 451만원~654만원 정도 운영비를 보조금 형태로 정부 지원을 받고 있습니다. 그 외 지자체로 부터 구비로 약 50만원에서 100만

원정도 지원을 받습니다. 토요일에도 운영할 경우 약 30만원(±10만원 조정 가능)의 별도의 보조금을 지원받습니다. 물론 급식비도 1인당 약 4,000원~5,000원을 아동들에게 지원해주고 있습니다.

③ 사업계획서 작성: *시설의 연간 사업계획서 작성, 그 외에 사업계획서 대개 프로포절 작성이라고도 합니다. 공동모금회를 비롯하여 각종 사회복지 재단 등에 사업계획서를 작성하여 제출하는 일을 합니다. *프로그램 운영: 보호, 교육, 문화체험, 정서지원, 지역사회 연계로 크게 5대부분으로 다뤄지고 있습니다. *시스템 활용 및 행정 문서 작성: 사회복지 시설 정보시스템을 사용하게 됩니다. 활용방법은 인터넷을 통하여 언제든지 업그레드 교육을 받을 수 있습니다.그러므로 시스템 활용에 대해 주눅 들지 않아도 됩니다. 또한 문서도 정해져 있습니다. 그러니 역시 잘 할 수 있습니다.그리고 회계도 시스템을 통해서 다뤄지고 있습니다. *상담(또는 만나는)대상: 아동 · 청소년, 학부모, 학교 선생님, 공공기관 공무원, 지역사회 주민, 자원봉사자, 후원자, 기업 등을 만나보게 됩니다. 따라서 상담을 하게 되지요! 그래서 사람을 만나는 일을 좋아하면 좋습니다. 물론 처음부터 가능할 수도 있지만 점차 좋아질 수 도 있습니다. 그 외에도 후원자 발굴, 홍보, 자원봉사자 발굴 관리 등 다양합니다. 대상으로는 초등 고학년이 있는 경우도 있고, 인원이 적은 경우도 있고, 많은 경우도 있습니다. 그 외에도 중학생, 고등학생이 있는 경우도 있습니다.

Q150. 지역아동센터가 무엇인지. 역사 등은 어느 정도는 찾았는데 5대사업이 무엇인지가 아무리 찾아도 보이지 않습니다. 보건복지부에 들어가서도 찾아봤는데 나오지 않는데 지역아동센터의 5대사업 영역이 무엇인가요?

A. 지역아동센터의 전신은 1970~80년대 공부방이라고 할 수 있습

니다. 지역아동센터는 공부방의 기능에 2005년 1월 1일부로 아동복지법 개정에 따라 아동복지시설이 된 사회복지시설입니다. 기관에 따라 차이는 있으며 대개 다음과 같은 일들을 하고 있습니다.

사업계획서 작성: *시설의 연간 사업계획서 작성, 그 외에 사업계획서 대개 프로포절 작성이라고도 합니다. 공동모금회를 비롯하여 각종 사회복지 재단 등에 사업계획서를 작성하여 제출하는 일을 합니다. *5대 사업영역 이란 : 보호, 교육, 문화체험, 정서지원, 지역사회 연계로 크게 5대 부분으로 다뤄지고 있습니다. *시스템 활용 및 행정문서 작성: 사회복지 시설 정보시스템을 사용하게 됩니다. 활용방법은 인터넷을 통하여 언제든지 업그레드 교육을 받을 수 있습니다.그러므로 시스템 활용에 대해 주눅 들지 않아도 됩니다. 또한 문서도 정해져 있습니다. 그러니 역시 잘 할 수 있습니다.그리고 회계도 시스템을 통해서 다뤄지고 있습니다. *상담(또는 만나는)대상: 아동 · 청소년, 학부모, 학교 선생님, 공공기관 공무원, 지역사회 주민, 자원봉사자, 후원자, 기업 등을 만나보게 됩니다. 따라서 상담을 하게 되지요! 그래서 사람을 만나는 일을 좋아하면 좋습니다. 물론 처음부터 가능할 수도 있지만 점차 좋아질 수 도 있습니다. 그 외에도 후원자 발굴, 홍보, 자원봉사자 발굴 관리 등 다양합니다. 대상으로는 초등 고학년이 있는 경우도 있고, 인원이 적은 경우도 있고, 많은 경우도 있습니다. 그 외에도 중학생, 고등학생이 있는 경우도 있습니다.

Q151. 퇴직한 아동센터 복지사입니다. 앞으로 경력에 첨부하기 위하여 퇴직한 아동센터 시설인가증을 구청 사회복지과에 가서 발급 받을 수가 있습니까? 그리고 경력에 첨부하려면 경력증명서와 시설인가증이 있어야 하는지요?

A. 종전에 재직하였던 시설에서 경력증명서 발급해 달라고 하시면 됩니다.

비용도 없이 발급해 줍니다. 구(시)청에서 발급되지 않습니다. 팁으로 고용센터나 국민연금 공단에도 경력을 발급 요청하여 비치해두면 완전합니다.

Q152. 사회복지실습일지는 학교에 내는 거랑 기관에 내는 거 둘 다 만들어야 하나요? 저는 모르고 학교에 내는 것 밖에 만들지 않았습니다.

A. 학교에 제출할 것만 해도 됩니다. 기관이나 시설에 제출할 것은 사전에 제출하라는 이야기가 있었다면 제출합니다. 가급적 제출하면 좋겠으나 제출하지 않았다고 불이익을 당하지는 않습니다. 결과적으로 걱정하지 않아도 됩니다.

Q153. 지역아동센터 관찰일지를 쓰려고 하는데 양식에 5가지 영역이 있다고 하더라고요. 어떤 건가요?

A. ① 보호프로그램: 보호프로그램은 아동이 안전한 곳에서 건강한 생활을 할 수 있도록 지원하는 프로그램으로, 생활(일상생활관리, 위생 건강관리, 급식지도)및 안전(생활안전지도, 안전귀가지도, 5대 안전의무교육)으로 구성.

② 교육프로그램: 교육프로그램은 다양한 교육활동 지원을 통해 아동의 몸과 마음을 건강하게 성장할 수 있도록 지원하는 프로그램으로 학습(숙제 및 교과학습지도), 특기적성(예체능 활동 및 적성교육), 성장과 권리(인성·사회성, 자치회의 및 동아리 활동)로 구성.

③ 문화프로그램: 문화프로그램은 다양한 문화활동 지원을 통해 즐거움과 심리·정서적 안정감을 제공하여 아동의 정서적 성장 촉진을 도모하는 프로그램으로, 체험활동(관람·견학, 캠프·여행) 및 참여활동(공연, 행사)으로 구성.

④ 정서지원프로그램: 정서지원프로그램은 아동 및 가족에 대한 지원을 통해 가족기능을 강화하는 프로그램으로, 상담(연고자 상담, 아동상담) 및 가족지원(보호자교육, 행사·모임)으로 구성.

⑤ 지역사회연계프로그램: 지역사회연계프로그램은 지역네트워크를 통해 아동들에게 필요한 서비스를 제공하고, 지역아동센터 필요 자원 공급 및 지역사회에서 필요 자원으로 역할을 수행하기 위해 지역전문기관과 연계하는 프로그램으로, 홍보(기관홍보) 및 연계(인적 연계, 기관연계)영역으로 구성되어 있습니다.

PART 02

교재

역동터
지아센

(보건복지부 지원사업안내를 참조하여열을 발합니다)

① **목적**

방과 후 돌봄이 필요한 지역사회 아동의 건전육성을 위하여 보호, 교육, 건전한 놀이와 오락의 제공, 보호자와 지역사회의 연계 등 종합적인 복지서비스 제공

② **근거**

아동복지법 제52조 제1항 제8호

③ **지원대상**

○ 지역아동센터는 만 18세미만 아동을 대상으로 지원함
○ 다만, 국민기초생활보장 수급권자가정아동, 차상 위 계층가정아동 · 한부모 가정 아동 · 조손가정아동 · 다문화가정아동 · 장애가정아동(아동본인 또는 장애가정 내 아동 포함), 기타 승인아동으로 보호가 필요한 아동에 대한 우선 보호를 위해 지역아동센터 신고정원의 일정 비율로 우선보호아동 유지

④ **지원내역**

○ 지역사회 아동보호 실현 : 지역사회 안에서 아동 권리보장과 안전한 보호, 급식 등 지원
○ 교육적 기능 : 아동의 학습능력 제고, 학교 부적응 해소, 일상생활 지도, 학교생활 유지 및 적응력 강화
○ 정서적 지원 : 아동의 심리 정서적 안정 및 건강한 신체발달 기능 강화
○ 문화서비스 제공 : 문화체험 및 다양한 문화경험의 장을 제공
○ 지역사회연계 : 지역사회자원 발굴 및 지원 강화, 지역사회 내 아동문제에 대한 사전 예방적 기능 및 사후 연계

(2) 지역아동센터 운영

① 아동권리보장

○ 지역아동센터는 이용 아동에 관한 권리교육을 통해 아동의 권리의식을 강화하고 프로그램을 통해 아동권리를 실현할 수 있도록 노력해야 함

○ 지역아동센터 내에서 권리보호 및 실현에 대한 제도를 갖추어야 함

㉠ 아동 권리교육 실시

○ 아동 자신의 권리가 무엇인지 알고 스스로 하나의 인격체로 존중받으며 성장할 수 있는 권리행사를 위하여 아동에 대한 권리 교육 실시

− 권리교육은 아동이 직접 참여할 수 있는 다양한 방법을 통해 이루어져야 함

− 가장 쉽게 실천할 수 있는 방법 중 하나는 '아동 자치회'로, 이용 아동이 참여하는 아동자치회 활동을 연간사업계획서에 반영하여 시행함

 − 아동자치회에서 생활수칙, 프로그램 운영에 대해 논의 결정할 수 있도록 운영을 보장하고 지원함

㉡ 아동권리에 관한 규정

○ 이용 아동의 성별, 장애, 인종, 종교, 문화, 언어, 정치적 이유 등으로 서비스 제공에 차별을 두지 않으며, 소수집단을 합리적으로 배려하고 동등한 참여를 보장하는 방침을 문서화함

○ 지역아동센터는 운영규정, 복무규정 또는 별도의 규정을 마련하여 아동의 권리에 관한 세부사항을 명시해서 문서화해야 하며, 아동의 일반적 권리, 권리보장 및 실현을 위한 노력, 권리침해 시 호소경로 장치, 체벌관련 내용을 포함함

○ 아동 권리규정은 이용아동 및 보호자에게 문서로 전달하여 아동권리보장을 위해 함께 노력함

− 지역아동센터 내에서 권리침해사실이 발생한 경우 어떤 경로를 통해 호소하여 구제 받을 수 있는지 알려줌

① 지역아동센터에서의 아동권리

㉠ 생존권(Survival Rights)

○ 생존권 : 생명을 유지하고 최상의 건강과 의료혜택을 받을 권리로서 지역
아동센터 이용아동에 대해 식생활, 보건, 안전이 보장되어야 함

영역	실천사례	침해사례
식생활	○ 아동의 발달단계를 고려하여 균형 있고, 영양가 높은 식단을 짜고 신선한 재료를 사용하여 조리 ○ 정기적으로 아동의 의견을 조사하여 식단에 반영 ○ 정해진 식사시간이 있으나 정한 시간이 지나도 아동에게 식사를 제공 급식종사자는 위생복, 위생모, 위생장갑을 착용	○ 급식비를 지원받고 있으나 급식을 제공하지 않는 경우 ○ 아동의 발달단계나 기호를 고려하지 않고, 식재료비만을 고려하여 식단을 짜는 경우 ○ 식사시간이 지나면 식사를 하지 못한 아동에게 식사를 제공하지 않는 경우
보건	○ 모든 아동에게 연 2회 이상 보건교육과 성교육 실시	○ 보건교육과 성교육을 별도로 실시하지 않는 경우
안전	○ 아동에게 연1회 이상 정기적으로 교통안전교육과 약물오남용교육 실시	○ 교통안전교육과 약물오남용교육을 전혀 실시하지 않는 경우

㉡ 보호권(Protective Rights)

○ 차별로부터 보호, 학대 및 방임으로부터의 보호, 장애아동, 고아, 난민아
동을 보호하는 것으로서, 지역아동센터에서는 아동에 대해 체벌금지, 문
제행동에 대한 지원, 특별한 아동에 대한 보호를 제공하여야 함

영역	실천사례	침해사례
체벌과 문제 행동	○ 종사자가 아동에게 체벌하는 것을 엄격하게 금지하는 규정이 제정되어 있고, 종사자가 이를 어길 경우 징계 ○ 종사자와 아동에게 아동권리교육 및 아동 학대예방 교육 실시 ○ 아동의 문제행동을 관찰하여 전문 서비스가 필요한 경우 관련 기관에 의뢰 ○ 아동 간 성추행 또는 성폭력 예방을 위해 연 2회 이상 체계적인 성교육을 실시하고 사건이 발생했을 때, 전원조치 등 정해진 절차에 따라 선도	○ 아동지도와 훈육을 위해 주로 체벌을 사용하고 종사자 체벌 허용 ○ 종사자에 의한 아동학대행위를 숨기는 경우 ○ 심각한 성추행 또는 성폭력이 아니면 종사자가 관망하는 경우 ○ 치료가 필요한 문제행동을 보이는 아동을 관련 기관에 의뢰하지 않고 지역아동센터를 이용하지 못하도록 하는 경우

영역	실천사례	침해사례
특별한 아동에 한 보호	○ 아동에게서 학대피해를 발견하고 아동보호 전문기관으로 의뢰하여 아동을 학로부터 보호하고 조속히 치료하여 아동의 후유증을 최소화 ○ 다문화 가정아동, 장애아동, 왕따 아동 등 차별 받기 쉬운 소수집단 아동에게 지역아동센터 이용을 적극적으로 권하고 이들에 대한 특별 프로그램(언어교육, 문화교육 등) 제공	○ 전문적 서비스가 필요한 학대피해 아동이 있으나 아동보호전문기관으로 신고하지 않고 관망하여 학대 후유증이 심각해진 경우 ○ 특별한 지도와 보호가 필요한 아동에게 별도의 프로그램을 제공하지 않을 뿐만 아니라 일반아동과 차별대우 하는 경우

ⓒ 발달권(Development Rights)

○ 교육받을 권리와 아동이 신체적 · 정서적 · 도덕적 · 사회적으로 성장하는 데 필요한 생활을 누릴 권리를 말하며, 지역아동센터는 아동에 맞는 교육 제공, 인간관계 훈련, 문화활동 기회를 제공하여야 함

영역	실천사례	침해사례
교육	○ 아동의 성장 발달 수준에 따라 종합적 교육계획을 세워 체계적으로 수행 ○ 학습장애가 있거나 행동장애가 있는 아동을 외부 전문기관과 연계하여 지도	○ 아동 개인별, 학령별 교육계획이 마련되지 않은 경우 ○ 학습장애 또는 행동장애 아동은 별도의 교육 지도를 하지 않는 경우
인간 관계	○ 아동의 원활한 학교생활과 교우관계 및 폭넓은 인간관계를 위하여 인간관계훈련 등 집단프로그램을 아동특성에 따라 제공	○ 아동의 인간관계에 관심이 없는 경우
문화	○ 아동의 발달단계에 따라 다양한 문화 활동의 기회를 정기적으로 제공 ○ 아동이 다방면에서 다양한 정보를 접할 수 있도록 신문, 도서, 인터넷 등을 자유롭고 건전하게 이용하도록 지도	○ 아동에게 영화, 연극, 음악, 스포츠 등의 문화 활동 프로그램을 전혀 제공하지 않는 경우 ○ 아동의 정보습득 기회가 전혀 마련되지 않은 경우

ⓓ 참여권(Participation Rights)

○ 아동이 자신의 의사를 자유롭게 표현할 수 있는 권리로 지역아동센터는 아동의 개인생활에 대한 의사결정(종교행사 참여의 아동 선택권 존중 등), 사생활 보장, 시설운영 참여, 지역사회와 관계를 위한 적극적 행사 참여를 보장하여야 함

영역	실천사례	침해사례
개인생활에 대한 의사결정	○ 지역아동센터 종교행사 참여에 아동의 선택을 존중	○ 종교행사에 무조건 참여하게 하거나 시설장 또는 종사자의 종교 활동 강요
사생활의 권리	○ 지역아동센터의 홍보물 제작 시 아동의 동의를 거쳐 아동사진 활용 ○ 지역아동센터 방문객이 있을 때, 아동의 사생활이 침해되지 않도록 방문객에게 주의사항 공지	○ 홍보물 제작 시 아동의 의사와 무관하게 종사자 판단에 따라 아동사진 활용 ○ 방문객의 아동 사생활 침해 행동을 특별이 제한하지 않는 경우
문화	○ 아동이 지켜야 할 생활수칙 제정 시 아동을 참여시키고 의견 반영 ○ 행사 참여시 아동의 의사 반영 ○ 지역아동센터에 아동자치회를 두고 아동이 주도적으로 운영하며 논의된 사항을 시설운영에 적극 반영 ○ 지역아동센터에 아동 대표를 선출하고 운영위원회에 참석하여 의견 제시	○ 아동이 지켜야 할 생활수칙은 시설장과 종사자가 일방적으로 제정 ○ 행사 참여를 원치 않는 아동도 집단의 분위기를 이해할 수 있으므로 무조건 참여 하게 하는 경우 ○ 지역아동센터 내에 아동자치회나 아동 대표가 없으며, 시설운영에 아동의 어떤 의사도 반영하지 않는 경우
	○ 지역사회 행사에 아동을 참여시키고, 지역주민도 지역아동센터의 행사에 적극 참여	○ 지역사회와 지역아동센터간의 어떤 교류도 없는 경우

Tip 유엔아동권리협약(UN convention on the Rights of Child)

아동권리협약은 1989년 11월에 유엔에서 만장일치로 채택됨. 우리나라는 1991년 11월 협약에 비준하여 동년 12월 20일 협약 당사국이 됨. 현재, 미국과 소말리아를 제외한 193개국이 비준한 세계 최대 비준국을 자랑하는 인권협약으로 아동의 권리보호와 실현을 위한 지구촌 최초의 아동권리 관련 지침이라 할 수 있음. 협약 비준국은 당사국의 법과 제도에 따라서 협약의 정신을 준수하고 협약에서 보장된 권리 실현을 위해 노력할 의무를 지니며, 협약상의 의무이행을 달성함에 있어서 당사국이 이룩한 진전 상황에 한 정기적인 보고를 의무화하고 있음. 현재, 우리나라는 제3, 4차 국가보고서를 제출, 유엔아동권리위원회에서는 2011년 10월 7일 한국 정부에 하여 최종견해(Concluding Observations—COBs)가 채택됨. 우리나라의 정부, 국회, 지역기관 및 기타 지방정부에서는 이러한 권고사항이 이행 될 수 있도록 적절한 조치를 취하여야 함

(3) 사회복지시설 정보시스템

① 업무처리

○ (정의) 사회복지 시설정보시스템(이하 "시설정보시스템"이라 함)은 법률에 근거한 사회복지기관 대상 정보시스템을 구축 운영하여 업무처리 지원, 회계 투명성 제고 및 정책 기초자료 등 확보

○ (설치근거) 사회복지 사업법 제6조의 2(사회복지업무의 전자화)

○ (시설정보시스템 사용상 시설) 보건복지부 소관의 사회복지법인 및 사회복지시설

– 운영비 지원을 받지 않는 지역아동센터의 경우에도 후원금 및 자부담, 사업비 사용내역 등을 시설정보시스템에 등록사용 의무

○ (업무구성) 이용아동등록 및 승인부터 아동관리, 예산 회계관리, 후원금관리, 시 군 구 보고, 인사 급여관리 등 전반적 시설업무는 시설정보시스템을 통해 업무처리

※ 이용자 보고 미 대상 아동의 경우, 보조금 신청대상자에서 자동 제외 처리됨

② 문서관리(사회복지시설정보시스템 사용)

○ 지역아동센터는 시설운영, 아동관리(이용등록 등), 프로그램(연간사업계획서, 프로 그램계획서, 프로그램평가서 등), 사례관리, 회계관리(후원금, 이용료등)등 시설 전반에 대한 관리를 위하여 시설정보시스템을 의무적으로 사용

○ 지역아동센터 운영상 필요 문서(운영일지, 공문철, 종사자 인적관련 서류, 아동복지 시설 신고증, 아동상담기록부, 사업계획서, 예산 결산서, 총계정원장, 재산대장, 비품대장 등)는 별도의 서류로 구비하여 보관

③ 운영기준

㉠ 운영시간

○ 운영시간은 하루 8시간 이상 주 5일 이상을 원칙으로 함

○ 학기중 및 방학 공휴일의 기본운영시간은 아래와 같이 하고, 센터별 여
건 등에 따라 운영시간의 조정이 필요할 경우 지자체에 보고 후 변경 운
영 가능 ▶ 필수 운영 시간 (기본 운영시간 8시간)

학기 중 : 14:00~19:00 (필수 운영 시간)

방학(단기방학 포함) 및 공휴일 : 12:00~17:00 (필수 운영 시간)

※ 필수 운영 시간을 포함하여 8시간 이상 운영하여야 함

○ 토요일, 공휴일 등의 운영은 지역여건과 센터 실정에 따라 자율적으로
결정하되, 운영 시에는 자원봉사자 등을 적극 활용하여 아동이 방임되지
않도록 조치

○ 근로자의 날(5.1)은 아동 이용에 지장을 주지 않는 범위 내에서 종사자
배치를 조정하여 운영하되, 근로자의 날 근무자에 해서는 관련법에 따라
휴일 근무 수당을 지급하거나 교체 휴무 가능

○ 태풍 등 재해로 시·군 구내 휴교령이 발생한 경우 지역아동센터는 휴무
를 원칙 (운영일수에는 포함)으로 하고, 휴무에 대한 사항을 보호자, 이용
아동 등에게 알려야 함

㉡ 운영 프로그램

○ 지역아동센터 운영 프로그램은 기본프로그램과 특화프로그램으로 구성

○ 각 영역별로 아동의 욕구와 지역아동센터의 상황을 고려하여 프로그램
을 선택하여 운영

④ 프로그램

㉠ 기본프로그램

– 보호프로그램은 아동이 안전한 곳에서 건강한 생활을 할 수 있도록 지원
하는 프로 그램으로, 생활(일상생활관리, 위생건강관리, 급식지도) 및 안

전(생활안전지도, 안전귀가지도, 5 안전의무교육)으로 구성
- 교육프로그램은 다양한 교육활동 지원을 통해 아동의 몸과 마음을 건강하게 성장할 수 있도록 지원하는 프로그램으로 학습(숙제지도, 교과학습지도), 특기적성(예체능활동, 적성교육), 성장과 권리(인성 · 사회성 교육, 자치회의 및 동아리 활동) 로 구성
- 문화프로그램은 다양한 문화활동 지원을 통해 즐거움과 심리 · 정서적 안정감을 제공 하여 아동의 정서적 성장 촉진을 도모하는 프로그램으로, 체험활동(관람 · 견학, 캠프 · 여행) 및 참여활동(공연, 행사)으로 구성
- 정서지원프로그램은 아동 및 가족에 대한 지원을 통해 가족기능을 강화하는 프로그램으로, 상담(연고자 상담, 아동 상담) 및 가족지원(보호자교육, 행사 · 모임)으로 구성
- 지역사회 연계프로그램은 지역네트워크를 통해 아동들에게 필요한 서비스를 제공 하고, 지역아동센터 필요 자원 공급 및 지역사회 필요 자원으로 역할 수행을 위한 프로그램으로, 홍보(기관홍보) 및 연계(인적연계, 기관연계) 영역으로 구성
ⓛ 특화프로그램
○ 특화프로그램은 지역사회의 특수성이나 주요상의 특성을 고려한 맞춤형 운영 프로그램으로, 주말 · 공휴일 프로그램, 가족기능강화 프로그램 등으로 구성
ⓐ 주말 공휴일프로그램
- 주말과 공휴일에 학교와 가정에서 돌봄이 필요한 아동들을 대상으로 문화프로 그램, 체험학습 등 제공
ⓑ 가족기능강화프로그램
- 아동양육기술 및 의사소통 증진, 부모집단프로그램 및 자조모임, 가족성장 교실, 좋은 부모교실, 지역주민 결연 및 멘토링 활동 등 가족기능강화 프로그램 제공

(4) 운영관리

① 운영계획수립
㉠ 설립목적 수립
ㅇ 지역아동센터를 통해 이루고자 하는 목표나 방향을 정하는 것으로 각 기관별 특성, 지역특성, 아동특성 등을 고려하여 지역아동센터의 설립목적을 정함
㉡ 지역특성 파악
ㅇ 지역아동센터가 위치한 지역의 일반적인 현황조사(인구분포, 아동 현황, 기초생활 수급권자 현황, 사회복지시설 분포 등), 지리적 위치, 주택환경, 생활편의시설, 생활 안전 부분 등에 대한 특성을 파악함
㉢ 사업계획 수립
– 사업계획 수립
ㅇ 시설규모, 시설예산, 사업수행능력 등을 고려한 연간 및 세부사업계획서를 작성함
ㅇ 또한 이용아동에게 적합한 서비스를 제공할 수 있는 전문 인력 확보 후 아동을 위한 학기 중 방학 중 프로그램과 일과프로그램계획을 수립함

〈사업계획서 수립 시 고려사항〉
　　– 달성 가능해야 함
　　– 측정 가능하도록 구체적이어야 함
　　– 목적 – 목표 – 세부전략 등이 일관성이 있으며 체계적이어야 함
　　– 내 · 외부의 철저한 환경 분석을 바탕으로 함
　　– 이용아동 종사자들의 의견수렴 및 만족도 조사 등을 바탕으로 함

② 사업계획 수립 과정
㉠ 사업의 필요성

○ 사업대상자(참여자)의 욕구와 문제점, 환경적 특성, 경험적 근거, 관련된 지역 자원에 해 분석을 통해 필요성을 제시함

○ 객관적 수치나 통계자료, 공감할만한 사례소개 등을 활용하여 사업의 타당성을 제시함

ⓛ 목적과 목표

○ 목적은 사업을 통해 궁극적으로 달성하고자 하는 사업의 방향을 가리키는 것 이라면 목표는 목적이 보다 구체화된 것으로 측정 가능해야 함

○ 목표는 하위목표-성과목표-산출목표 등 다양한 목표의 개념을 이해하고 사업의 방향에 맞는 체계적인 목표를 세움

※ 지역아동센터 사업의 목적이 '지역사회 내 아동의 복지 증진'이라면, 목표는 '사례관리 아동 10명 발굴 및 보호' '의료복지교육 등 아동전문가 간 상호협력체계 구축' 등이 될 수 있음

ⓒ 프로그램

○ 아동의 안전한 보호와 돌봄을 우선으로 하고 아동의 건전한 사회적 정서적 발달을 도모함

○ 학교 적응력 향상과 자발성 증진, 가족기능보완 및 강화 등 지지체계를 구축함

ⓔ 세부내용

○ 목표를 달성하기 위한 구체적인 전략 혹은 사업내용으로서 목표와 세부내용이 통일성이 있어야 함

○ 사업시기, 사업 횟수 시간, 참여인원, 수행인력 등 사업을 진행하기 위한 내용을 구체적으로 작성함

○ 목표달성을 위한 가장 효율적인 사업을 채택하되 기관의 특성이 반영된 창의적인 것이어야 함

ⓜ 예산

○ 관, 항, 목 세목의 구분을 재무회계규칙에 근거하여 예산안을 작성해야 함

○ 사업을 수행하기 위한 모든 비용을 반드시 포함하여야 함

○ 산출근거를 실제 단가, 수량, 인원수, 건수, 횟수 등을 구체적으로 기록함

ㅇ 자원조달계획을 반영하여 작성해야 하며 사업비, 인건비, 관리운영비 등
  이 적정한 비율로 배정되어야 함

ⓑ 평가

ㅇ 목표달성도 및 사업수행과정상의 효율성 관리 등의 평가계획을 작성함

ㅇ 목표달성도 는 변화율, 횟수나 명수 등 측정가능한 객관적 수치로 나타
  내야 하며 만족도 설문, 인터뷰, 관찰, 변화율 측정 등 측정방법을 제시함

ㅇ 사업수행과정상의 효율성 관리는 수행과정 중에 예상되는 문제점, 그에
  대한 책 등을 고려하여 작성함

ⓢ 운영규정

ㅇ 아동복지시설은 조직, 인사, 급여, 회계, 물품 그 밖의 시설관리에 필요
  한 규정을 제정 시행하여야 함(아동복지법 시행규칙 제24조 별표2 참조)

– 지역아동센터는 시설운영의 근본규칙이라 할 수 있는 '운영규정'을 제정
  해야함

– '운영규정' 안에는 조직(운영위원회 등) 문서관리 물품관리 자산 및 회계
  등과 관련된 규정과 직원채용(자격기준, 구비서류 등) 휴가 승진 퇴사 등
  과 관련된 인사규정, 근무시간(출퇴근 등) 급여 휴가 복장 업무내용 비밀
  유지 체벌금지 등과 관련된 복무규정 등의 내용을 포함함

– 지역아동센터를 이용하는 아동의 권리를 위한 이용아동의 비밀보장, 이
  용아동 또는 보호자의 권리와 책임과 고충처리방침과 아동학대 및 괴롭힘
  방지에 대한 절차, 내용, 교육 등을 담은 규정을 마련함

– 지역아동센터는 근무하고 있는 종사자를 위한 고충처리 및 근무환경 개
  선을 위해 노력해야 하며 규정을 마련함

(5) 프로그램 운영

① 프로그램의 필요성과 목적
○ 지역아동센터는 방과 후 사회적 돌봄이 필요한 아동에게 보호, 교육, 건전한 놀이와 오락, 가족기능강화, 지역사회 연계, 아동권리 프로그램 등 다양한 교육과 복지 프로그램을 제공함으로써 아동의 심리 정서적 안정과 신체 인지 정서 사회성 발달을 목적으로 함

② 프로그램의 운영 방향
○ 아동의 안전한 보호와 돌봄 제공을 통해 가족기능 보완 및 강화
○ 아동의 흥미와 욕구를 반영한 아동의 건전한 사회적 정서적 발달 도모
○ 아동의 성취동기 부여, 자기주도성 증진, 학교적응력 향상 도모

③ 프로그램 개발
ⓐ 기획단계
○ 욕구조사를 통해 사업목적과 목표를 설정함. 아울러 사업목적과 목표에 부합되는 프로그램을 편성 관리함
- 욕구조사 : 아동자치회의와 설문지, 상담 등을 통하여 아동의 욕구를 파악함
- 프로그램명 : 주제와 목적을 함축적으로 나타내며, 아동 참여와 흥미를 도출할 수 있도록 함
- 필요성 : 객관적 근거와 설득력 있는 내용을 제시함
- 목적과 목표 : 목적은 추상적이나 목표는 구체적으로 실현가능성이 있고, 측정 가능한 것으로 세우고, 평가서 작성시 결과보고와 연결함
- 참여대상 : 프로그램의 성격에 맞는 상을 선정함
- 세부계획 : 도입-전개-마무리, 또는 회기별로 구체적으로 작성함

- 예산 : 최소한의 예산으로 관, 항, 목을 정확히 명시함
- 기대효과 : 목적을 토대로 기대효과를 긍정적으로 설정함
ⓒ 진행단계

실행계획서에 관한 사전검토와 시뮬레이션을 실시함으로써 예상되는 문제점과 그 극복방안을 고려하여 진행에 필요한 세부사항을 점검한 이후 실제 프로그램을 실행함
- 실행과정에서는 프로그램에서 역할을 명확히 하여 체계적인 업무 분장이 이뤄질 수 있도록 해야 함
- 프로그램 종료후 프로그램일지나 프로그램 결과보고서를 제출하도록 하고 특히 아동들의 활동내용을 기록하고 사진자료를 정리하여 이후의 자료로 활용함
- 강사나 자원봉사자를 활용하여 프로그램을 진행하게 되는 경우에는 실무자는 사전에 프로그램에 해 충분하게 협의하고, 강사나 자원봉사자가 프로그램을 계획한로 진행할 수 있도록 관리함
ⓒ 평가단계
O 프로그램 평가는 기획과 진행을 통해 얻은 효과성과 개선점들을 파악하여 다시 새로운 프로그램을 계획하기 위한 중요한 기초 자료가 되므로, 프로그램 계획 시 목적과 목표에 따른 결과를 평가지표를 활용해 평가함
- 평가지표는 자원봉사자, 보조인력, 부모의 참여만족도 등이 포함되어야 함
- 참여아동의 만족도조사가 가장 중요한 평가 자료가 됨
- 분석한 결과뿐만 아니라 예산 집행 결과에 해서도 결과보고서를 작성함

④ 세부 프로그램별 구성
㉠ 보호프로그램
O 보호프로그램은 아동이 안전한 곳에서 건강한 생활을 할 수 있도록 지원하는 프로그램으로, 생활(일상생활관리, 위생건강관리, 급식지도) 및 안전(생활안전지도, 안전귀가지도, 5대 안전의무교육)으로 구성

ⓛ 교육프로그램

○ 교육프로그램은 다양한 교육활동 지원을 통해 아동의 몸과 마음을 건강
  하게 성장할 수 있도록 지원하는 프로그램으로 학습(숙제 및 교과학습지
  도), 특기적성(예체능 활동 및 적성교육), 성장과 권리(인성·사회성, 자
  치회의 및 동아리 활동)로 구성

ⓒ 문화프로그램

○ 문화프로그램은 다양한 문화 활동 지원을 통해 즐거움과 심리·정서적
  안정감을 제공하여 아동의 정서적 성장 촉진을 도모하는 프로그램으로,
  체험활동(관람·견학, 캠프·여행) 및 참여활동(공연, 행사)으로 구성

ⓡ 정서지원프로그램

○ 정서지원프로그램은 아동 및 가족에 대한 지원을 통해 가족기능을 강화
  하는 프로그램으로, 상담(연고자 상담, 아동 상담) 및 가족지원(보호자교
  육, 행사·모임)으로 구성

ⓜ 지역사회연계프로그램

○ 지역사회연계프로그램은 지역네트워크를 통해 아동들에게 필요한 서비
  스를 제공 하고, 지역아동센터 필요 자원 공급 및 지역사회에서 필요 자
  원으로 역할을 수행하기 위해 지역전문기관과 연계하는 프로그램으로,
  홍보(기관홍보) 및 연계(인적 연계, 기관연계) 영역으로 구성

(6) 급식사업

① 아동급식사업의 개요
○ 지역아동센터는 이용 아동의 건전한 육성을 위하여 종합적인 아동복지
서비스 제공의 일환으로 식사 및 간식 제공 등의 급식을 운영함
○ 지역아동센터가 아동에게 양질의 급식을 제공하는 것은 아동의 건강권
을 지켜주는 중요한 역할임

② 목적
○ 저소득 가정의 아동들이 건강하고 행복하게 자랄 수 있도록 민·관이 협
조체계를 구축하여 지역실정과 아동의 가정환경 및 욕구에 맞는 급식을
효율적으로 제공
○ 아동들은 신체적 정신적으로 성숙하지 않아 스스로의 급식능력이 부족
하므로 급식이 필요한 아동에게 적극적으로 급식을 지원

③ 지원연령 및 대상
㉠ 지원연령
○ 18세 미만의 취학 및 미취학 아동(아동복지법 제2조)
○ 다만, 18세 이상인 경우에도 고등학교에 재학 중인 아동을 포함하며, 18
세 미만인 학교 탈락아동의 경우에도 지원
㉡ 지원대상
○ 다음 각 호의 사유에 해당하여 보호자의 식사제공이 어려워 결식우려가
있는 아동
※ (결식우려의 정의) 보호자가 충분한 주식과 부식을 준비하기 어렵거나, 주 부식을 준비
할 수 있다 하더라도 아동 스스로 식사를 차려 먹기 어려운 경우
※ 외국국적 아동의 경우에도 아래 지원기준에 따라 결식우려가 있을 경우 지원
※ 단, 아동복지법 제15조에 따라 아동양육시설, 공동생활가정 등으로 보호조치된 아동 제외

ⓐ 소년소녀가정 아동

ⓑ 한부모 가족지원법상 지원상가정 아동 (한 부모 가족으로서 국민기초생
활보장법에 따른 지원상 가구도 포함)

ⓒ 보호자가 장애인 복지법 제2조제2항 에 따른 장애인으로서 최저생계비
130% 이하 가구의 아동

ⓓ 긴급복지 지원대상 가구의 아동

ⓔ 보호자의 가출, 장기복역 등으로 보호자가 부재한 가구의 아동

ⓕ 보호자 사고 , 급성질환, 만성질환 및 학 방임 등으로 보호자의 양육능
력이 미약하여 긴급한 보호가 필요한 아동

ⓖ 맞벌이 가구로 건강보험료 부과액(또는 산정액) 기준 소득 인정액이 최
저생계비 130% 이하인 가구의 아동

ⓗ 위 각호에는 해당되지 않으나 그 밖에 담임교사, 사회복지사, 이 통반
장, 시 군 구 담당공무원 등이 추천하는 아동으로서 아동급식위원회에서
급식지원이 필요하다고 결정한 아동

※ 다만, 담임교사 등이 추천한 아동 중 급식지원기준에 적합하여 위원회의 판단이 필요
없는 경우에는 위원회 결정 불요

○ 지역아동센터, 사회복지관 등의 아동복지프로그램 이용아동

(7) 보조금 예산 지원

① 지원대상
○ 기존지원시설 : 2017년 운영비 지원시설 중 심화평가 결과 등을 반영하여 선정
○ 신규지원시설 : 24개월 운영 신규시설 중 진입평가 결과를 반영하여 선정

② 지원기간
○ 기존지원시설 : 심화평가 결과 및 지자체 점검결과를 반영하여 1월~12월까지 지원
○ 신규지원시설 : 시설 신고일 기준 24개월 해당월부터 12월까지 진입평가 결과를 반영하여 지원 (예) 진입평가를 통과한 시설의 신고일이 2012년 3월 15일 → 2014년 3월부터 지원)
○ 서울시에서 만 1년 운영한 기관에 대해서 운영비의 일부(150만원)를 지급할 수 있다.

③ 지원내역
○ 기본운영비 : 아동정원 및 법정상근종사자 수에 따라 월451~654만원 차등 지원
○ 특성별 운영비
- (특수목적형 지역아동센터) 구간별 기본운영비 월지원액 + 월 60만원**
- (주5일 운영에 따른 토요운영센터) 구간별 기본운영비 월지원액 + 월45만원**

* 추가인력 채용을 조건으로 지원하되, 추가인력 미채용 시 감액(-50만원)하여 지원

** 시군구별 지원 시설수 및 시설 프로그램, 센터규모를 감안하여 차등 지원하되, 단가는 재정한도를 고려하여 특수목적형은 60만원 ±20만원, 토요운영은 30만원±10만원

④ 지원절차

㉠ 기본운영비 지원상시설은 '익 년도 예산(안) 계상을 위한 수요조사 (10~12월) 자료', '평가결과', '시설정보시스템 시설통계 자료'를 통해 시·군·구 결정

㉡ 선정심사위원회 구성 운영

– 기본운영비 감액기준 적용 대상시설 및 특성별 예산 지원액 결정시 선정심사 위원회의 심사를 거쳐 공정하게 선정

– 시·도 아동복지담당사무관 또는 담당자(시·군·구 아동복지담당과장), 현장전문가, 아동복지관련 학계인사 등으로 4~6인 이내로 구성

– 현재 지자체에서 운영하고 있는 아동관련 위원회로 선정위원회 대체 가능

– 시·군·구 선정심사위원회의 심사 의견 및 결과를 시·도에 보고

※ 현장전문가는 아동복지업무에 종사하는 관계자로 하되, 이해 관계자인 관내 지역아동센터 종사자는 제외(타 지역 지역아동센터 종사자 가능)

㉢ 운영비 지급 기준일(시설정보시스템 및 행복e음 시스템으로 월별 지급)

– 국고보조금 교부(보건복지부→시·도) : 전월 15일까지 지급

– 운영비 신청(시설→시 군 구) 및 운영비 현황 보고 : 전월 15일까지 신청

· 시군구보고→공문 작성→보조금→보조금교부신청→교부신청서 접속

· 교부신청서 화면에서 본문내용 및 입금계좌 입력

· 첨부파일에 출석부를 첨부(시스템 처리가능시 구비서류 첨부 등 제외)

– 운영비 지급(시·군·구→시설) : 전월 25일까지 지급

· 행복e음으로 신청내역을 확인하여 승인 후 입금계좌로 지급

– 시설운영(지역아동센터) : 해당 월 1일~말일까지 운영

※ 1월 운영비는 예산편성 지급 등을 감안하여 2개월분(1월분과 2월분) 지원하되, 최대한 빠른 기간 내 지급하고, 운영비 지급일인 25일이 토요일, 공휴일인 경우 그 전일까지 운영비 지급

(8) 사례관리 (사례관리 개요)

① 지역아동센터 사례관리의 정의
○ 지역아동센터를 이용하는 개별 아동의 욕구 및 특성에 따라 지역아동센
터의 서비스뿐만 아니라 지역사회 서비스를 개발하고 연계하여 개별 아동
에게 맞춤형 서비스를 제공하는 것으로 이용아동 전체를 대상으로 진행

② 사례관리 필요성
○ 지역아동센터는 지역사회 내 방과 후 돌봄이 필요한 아동의 건강한 성장
을 위해 종합적인 복지서비스를 제공하는 아동복지 이용시설로, 아동 맞
춤형 복지서비스 제공 필요
- 다양한 발달상의 욕구와 특성을 가진 아동의 건강한 성장을 위해 지속
적 · 집중적 · 개별적 관심과 지원을 위해 사례관리 서비스 제공

③ 사례관리 방법
㉠ 지역아동센터 이용아동 전체를 대상으로 사례관리 실시
- 이용아동에 대해 초기사정 진행 후, 일반아동 사례와 집중지원아동 사례
로 분류
- 일반아동 사례관리는 이용아동 중 집중지원아동 사례관리 상이 아닌 모
든 아동을 상으로 하며, 지역아동센터 운영 프로그램을 통해 전반적인 서
비스 내용을 기록 · 관리
- 집중지원아동 사례관리는 고위험군 아동을 상으로 하며, 지속적이며 통
합적인 서비스 제공을 위해 지역사회 전문기관(시 · 군 · 구 또는 드림스타
트 등)으로 의뢰하는 것을 원칙으로 함.
㉡ 사례관리 종결은 사례관리 서비스 제공을 마치는 단계로, 사례관리를 받
던 아동이 지역아동센터 이용을 종료하는 것을 의미(이하 "이용종료"라 함)
㉢ 사례관리는 시설정보시스템을 활용하여 기록 · 관리

(9) 5대 의무교육

구분		성폭력 및 아동학대 예방 교육	실종 · 유괴의 예방 · 방지 교육	약물의 오 · 용남용 예방 교육	재난대비 안전 교육	교통안전 교육
실시 주기 (총 시간)		6개월에 1회 이상 (연간 8시간 이상)	3개월에 1회 이상 (연간 10시간 이상)	3개월에 1회 이상 (연간 10시간 이상)	6개월에 1회 이상 (연간 6시간 이상)	2개월에 1회 이상 (연간 10시간 이상)
교육 내용	초등학교	1. 성폭력을 포함한 아동학대 개념 2. 성폭력의 위험상황 3. 성폭력 예방법과 처벌법 4. 나와 타인의 권리 인식	1. 길을 잃을 수 있는 상황 이해하기 2. 유괴범에 대한 개념 3. 유인전략 및 위험 상황 알기 4. 유괴사고 발생 시 대처법 및 예방법 5. 유괴 · 유인상황 목격 시 신고 요령	1. 약물화학제품의 필요성과 위험성 이해하기 2. 중독오용남용의 개념 알기 3. 중독사고의 처벌 법과 예방법 4. 약물화학제품 오용 남용의 원인 알기 5. 오용남용의 처벌 법과 예방법 6. 올바른 약물화학 제품 사용법	1. 화재의 원인과 예방법 2. 화재시 대처법 3. 화재 신고 요령 4. 화상 대처법 5. 소화기 사용법 6. 자연재난의 개념과 안전한 행동 알기	1. 안전한 통학로 알기 2. 상황에 따른 안전한 보행법 3. 바퀴 달린 탈것의 안전한 이용법 4. 교통수단의 안전한 이용법 5. 교통법규 이해하기
	중 · 고등학교	1. 학대 및 성폭력의 개념 2. 위험상황에 따른 처벌 및 예방법 3. 학성폭력 범죄 신고 요령 4. 나와 타인의 권리 존중하기	1. 유인전략및위험 상황 알기 2. 유괴사고 발생 시대처법및 예방법 3. 유괴 유인 상황 목격 시 신고 요령 4. 가출예방 관련 교육	1. 향정신성 물질에 한 위험성피해 알기 2. 중독성 물질에 한 위험성피해 알기 3. 향정신성 의약품의 피해와 법적 처벌 규정 4. 약물화학제품 오용남용의 원인 알기 5. 오용남용의 처벌법과예방법 6. 올바른 약물화학 제품 사용법	1. 화재의 원인과 예방법 2. 화재 시처벌법 3. 소방기구 사용법 4. 자연재난, 인적 재난 발생 시 행동방법 5. 재난안내시스템 활용법	1. 자전거의 안전한 이용과 점검 2. 이륜차와 자동차의 물리적 특성 3. 인간 능력의 한계와 위험 예측 4. 교통법규와 사회적 책임 5. 교통사고와 방지 대책

(10) 종사자관리

① 종사자 채용
○ 정부에서 인건비를 지원하는 시설의 종사자 신규채용은 직위에 관계없
　이 공개모집이 원칙(2018 사회복지시설 관리안내)
– 시설 등 홈페이지, 소식지 등에 15일 이상 채용 관련된 사항을 공고한 후
　에 법인 및 시설 내규 등에 의해 채용
○ 운영주체(대표자)는 시설장을 제외한 종사자가 될 수 없고, 대표자와 친
　인척관계에 있는 자를 종사자로 채용할 때에는 공개모집을 원칙으로 하
　고 시 · 군 · 구에 보고
○ 지역아동센터는 종사자 채용, 퇴직 등 임면 시에는 채용 즉시 그 내용을
　지자체에 통보하여 원활한 종사자 관리운영에 협조 – 지역아동센터는
　종사자 채용시 아동 · 청소년의 성보호에 관한 법률 제56조 제3항에 따
　라 채용 예정자의 성범죄 경력을 조회(관할 경찰서)하고, 지자체에 임면
　보고시 함께 보고(본적지 조회)
– 성범죄 경력 조회가 필요한 종사자는 사실상 노무를 제공 중인 자 또는
　취업하려 하거나 사실상 노무를 제공하려는 자를 말함(아동 · 청소년의 성
　보호에 관한 법률 제56조 제3항)
* 사실상 노무를 제공하는 자는 자원봉사자를 제외하고, (급여)를 받고 지역아동센터에 종
사하는 자 모두를 포함(조리사, 양사,프로그램 강사, 사회복무요원, 일자리사업 인력 등)
– 성범죄 조회 결과 통보 전까지 종사자의 지역아동센터 근무 제한
○ 임면 보고를 받은 시 군 구청장은 자격 조건이 필요한 종사자의 자격 적
　격성(사회 복지사업법 제7조, 제35조 등)을 확인
○ 지역아동센터는 종사자의 주민등록등본, 채용신체검사서, 자격증 사본
　등 필요한 서류를 지역아동센터에 보관관리
1) 이력서
2) 주민등록등본

3) 최종학교 졸업증명서

4) 경력증명서(경력자에 한함) : 종사자 자격요건 중 경력이 필요한 경우 필
　　　　　　　　　　　　　　 수 제출

5) 채용신체검사서 : 전염성질환 및 정신적 질환 등 신체적 정신적으로 아
　　　　　　　　　 동보호에 지장이 있는 자는 종사자로 채용할 수 없음

6) 자격증 사본(소지자에 한함) : 종사자 자격요건 중 자격증이 필요한 경우
　　　　　　　　　　　　　　　 필수 제출

7) 성범죄경력조회서 : 채용예정자가 제출한 성범죄경력조회 동의서를 첨
　　　　　　　　　　 부하여 시설장이 관할 경찰서에 조회

○ 지역아동센터는 채용한 종사자와 근로계약서를 작성함으로써 근로계약
　 을 체결하고 근무환경 변경(급여 인상, 근무시간 변경 등)에 따라 근로계
　 약서를 변경 작성함

② 종사자 복무관리

㉠ 복무관리 원칙

○ 지역아동센터는 종사자에 한 노무관리를 함에 있어 근로기준법, 고용보
　 험법, 근로자퇴직급여 보장법, 남녀고용평등과 일 가정 양립지원에 관한
　 법률 등 노동관계 법령을 준수하여 종사자의 권리를 존중함

㉡ 급여

○ 지역아동센터 종사자의 처우 개선을 위하여 종사자(생활복지사 우선)에
　 한 인건비 지급 최저기준을 적용함(권장사항)

－ 지역아동센터 종사자 인건비 지급 최저기준은 권장함.

대표 겸 시설장과 동거하는 친족만을 사용하는 시설의 종사자를 근로자로
볼 수 없다면 최저임금의 규정을 적용하지 않을 수 있음

※ 근로기준법 제11조(적용 범위) 이 법은 상시 5명 이상의 근로자를 사용하는 모든 사업
　 또는 사업장에 적용함. 다만, 동거하는 친족만을 사용하는 사업 또는 사업장과 가사(家
　 事) 사용인에 하여는 적용하지 아니함

※ 최저임금법 제3조(적용 범위) 동거하는 친족만을 사용하는 사업과 가사(家事) 사용인
에게는 적용하지 아니함

③ 퇴직금
○ 지역아동센터 종사자가 1년 이상 근무하고 퇴직하는 때에는 근로기준법
제34조, 근로자퇴직급여 보장법 및 근로자퇴직급여 보장법 시행령 에 의
하여 퇴직금을 지급함
○ 상시근로자수에 관계없이 법정 퇴직급여 전액을 지급하여야 함
○ 민간·개인이 운영하는 시설의 표자 겸 시설장의 경우 퇴직금 지급 불가
함. 다만, 법인의 대표가 상근시설장으로 종사하는 경우에 한하여 종사
자로 인정하며 퇴직금 지급이 가능함

④ 사회보험
○ 지역아동센터는 종사자에 하여 국민건강보험 등 사회보험에 가입하여야
하며, 퇴직금 적립 등 관련 법령 등의 규정을 준수하여야 함
– 지역아동센터는 종사자를 위한 사회보험으로 국민연금, 국민건강보험,
고용보험, 산재 보험의 4 보험에 가입해야 함(www.4insure.or.kr 참조)
– 시설장이 고용된 종사자가 아닌 사업주라면 시설장은 국민연금, 국민건
강보험의 2 보험에만 가입함
– 종사하는 모든 근로자가 사업주인 시설장과 동거하는 친족인 경우 근로
자는 산재 보험에는 가입하지 않아도 됨.
※ 산업재해보상보험법시행령 제2조(법의 적용제외사업)

⑤ 복무규정 및 서류관리
㉠ 종사자의 근무관련 기본수칙을 수립, 근무 질서 확립, 근무조건 보장을
위해 복무규정을 정해 운영규정에 포함함
㉡ 복무규정은 종사자 채용 시 숙지할 수 있도록 문서화된 것을 제공하여야 함

- 채용 후 즉시 종사자의 임금 (구성항목, 계산방법, 지급방법), 근로시간, 휴일, 연차 휴가에 한 내용이 포함된 근로계약서를 작성한 후 1부는 종사자에게 교부하고, 1부는 보관하여야 함
- 종사자로서의 복장, 출퇴근, 업무내용 등의 준수사항, 아동복지시설 종사자로서 아동 관리, 시설 내 시설장-종사자, 종사자 간의 관계에 관한 내용, 직무와 관련된 의무 및 제한 등을 포함함
- 다만, 상위의 효력을 가지는 노동 관련법, 사회복지사업법, 운영지침에 반하는 내용을 포함 할 수 없음
ⓒ 지역아동센터 종사자 정보는 시설정보시스템에 기록 · 관리하며, 인사 관련 서류는 별도 출력 보관함
- 인사기록카드 : 시설정보시스템 인사기록카드를 활용하여 작성 후 인사 관련 서류철과 함께 보관(기본정보, 학력사항, 자격면허, 입사 전 경력사항, 교육연수, 해외출장, 발령사항 등)

(11) 재정관리

① 재정관리 원칙

㉠ 지역아동센터는 재무회계 및 후원금관리의 명확성 공정성 투명성 확보를 위해 사회복지법인 및 사회복지시설의 재무 회계규칙 에 따라 재정을 관리함(사회복지 사업법 제23조 제4항, 제34조 제3항 및 제45조 제2항 참조)

㉡ 지역아동센터는 사회복지사업법 제6조의2에 의거하여 시설정보시스템을 의무적으로 활용하여야 함 ― 보조금 신청 및 보고, 후원금 관련 보고를 온라인으로 하고, 지자체는 보고된 정보를 기준으로 보조금 신청 교부 등 업무 처리

㉢ 2014년 사회복지시설관리안내', '2014년 지역아동센터 운영지침'에 따라 집행함

㉣ 사회복지법인 및 사회복지시설의 재무 회계규칙 및 정부의 예산회계법에 따른 재무회계의 기본원칙은 다음과 같음

- 회계연도의 모든 수입을 세입으로 하고, 모든 지출을 세출로 하며, 세입과 세출은 모두 예산에 계상하여야 함(「사회복지법인 및 사회복지시설 재무 회계규칙」제2장 제1절 제7조, 제8조)

- 회계연도는 정부의 회계연도(매년 1월 1일에 시작하여 동년 12월 31일에 종료)에 의하고 수입 및 지출의 발생과 자산 및 부채의 증감 변동에 관하여는 그 원인이 되는 사실이 발생한 날을 기준으로 하여 연도소속을 구분함. 다만, 그 사실이 발생한 날을 정할 수 없는 경우에는 그 사실을 확인한 날을 기준으로 하여 연도 소속을 구분함

- 1회계연도에 속하는 세입 세출의 출납에 관한 사무는 다음연도 2월 말일까지 완결 하여야 함

㉤ 예산은 정부보조금과 후원금, 법인 전입금, 자체 부담금, 이용료로 구성되며, 지역 아동센터 운영과 관련된 직접비용으로 투명하게 사용·관리함

※ 시도 및 시 군 구는 지역아동센터 예산 집행 현황을 정기적으로(필요한 경우 수시) 지도 점검

ⓑ 예산의 적절한 관리와 정확한 집행을 위해 시설정보시스템을 의무적으로 활용하고, 필요한 지출 증빙서류 보관

- 장부관리는 총계정원장, 현금출납부, 지출분개장 기입이 원칙이나, 시설정보시스템 사용시 매월 마감후 관련 서식을 출력 비치함으로 대체 할 수 있음

※ 사회복지시설 보조금전용카드 사용의무 시행

ⓐ 인건비는 본인 통장 입금을 원칙으로 함

ⓞ 지출은 예금통장에 의하거나 전자거래기본법에 의한 전자거래로 행함

- 상용경비 또는 소액의 경비 지출이라도 1만원 이상 지출시 신용카드를 사용하거나 현금영수증을 발급받아 지출

※ 현금영수증 발급이 가능한 곳(가맹점)에서는 1원 이상 집행시 현금영수증 발급 가능

- 지역특성상 신용카드 사용이나 현금영수증 발급 등이 현실적으로 어렵다고 시 군 구청장이 인정하는 경우에 한해 간이영수증 또는 현금지출이 가능하며, 이 경우에도 그 확인이 가능한 증빙서류 구비

- 농어촌지역이나 카드 미가맹점인 경우에는 5만원이상 집행 시 온라인 (On-line) 입금 활용하고, 그 확인이 가능한 증빙서류 구비

ⓩ 결산은 연1회 하고, 정산은 분기별 또는 반기별 정산으로 처리할 수 있음

- 지역아동센터는 연간 사업계획에 따른 계절적 특성을 반영하여 기 지원된 프로그램 예산 내에서 연도 내 조정하여 지출할 수 있음.

② 예산

㉠ 예산 편성의 원칙

ㅇ 회계년도의 모든 수입은 세입으로, 모든 지출은 세출로 하고 예산내용을 표기 하여야 하며, 모든 수입금과 지출금은 반드시 예산서에 표기함

ㅇ 세입과 세출예산은 건전한 내용으로 균형을 유지하도록 하며, 실행 가능

성이 없는 수입을 재원으로 한 지출은 계상하지 않음

○ 대표이사 및 시설장은 시설예산을 편성하여 회계연도 개시 5일전까지 예산서를 시 군 구청장에게 제출함. 각각 법인 이사회의 의결 및 운영위원회의 보고를 거쳐 확정함. 예산서에는 예산총칙, 세입 세출명세서, 임직원 보수일람표, (법인의 경우) 당해예산을 의결한 이사회 회의록 및 운영위원회 회의록 사본(사회복지 법인 및 사회복지시설 재무회계규칙 별지서식1과 4)을 첨부함

○ 시군 구청장은 제출받은 시설 회계별 세입 세출 예산개요를 지자체 홈페이지 등에 공고하고, 법인 및 시설의 경우 동시에 법인 및 시설 게시판과 인터넷 홈페이지 등에 공고하도록 함

○ 예산은 세출예산이 정한 목적 외에 이를 사용하지 못함. 예측할 수 없는 예산외의 지출 또는 예산의 초과지출에 충당하기 위하여 예비비를 세출예산에 계상할 수 있음

○ 연간예산내용은 필요에 따라 추가 또는 변경할 수 있음. 시설장은 추가경정예산서를 시 군 구청장에게 제출하고, 법인의 경우 이사회의 의결을 거침

ⓛ 예산편성 방법

○ 예산의 구조는 다음과 같고, 시설회계 관 항 목의 구분과 설정은 사회복지법인 및 사회복지시설 재무회계규칙 제10조 제3항 별표 3과 4에 따름

- 관 : 기능별, 조직별, 사업목적별 분류
- 항 : 경상예산별, 사업예산별, 채무상환, 예비비 등
- 목 : 성질별 및 내용별 구분

○ 세입 세출예산은 과목별로 구분하여 산출근거를 명확하게 작성함

ⓒ 예산집행

ⓐ 예산관리의 원칙

○ 수입 및 지출 사무관리 주체는 법인의 대표이사 및 시설의 장이며, 해당 수입 및 지출원인행위의 사무를 소속직원에게 각각 위임 가능함

○ 수입과 지출의 현금출납업무를 담당하게 하기 위하여 각각 수입원과 지출원을 둠. 다만, 소규모 시설의 경우에는 수입원과 지출원을 동일인으로 할 수 있음

○ 회계는 단식부기에 의함

○ 금융기관 거래통장은(법인 시설 수익사업) 회계별로 구분될 수 있도록 보관 관리하여야 하므로, 시설의 수입·지출만 관리하는 별도 통장을 개설함

○ 모든 수입과 지출 행위 시에는 내부기안과 수입결의 및 지출결의를 한 후 현금 출납부, 총계정원장, 수입 지출보조부에 기록함

○ 금전의 수입과 지출에 관한 증빙서류 및 회계장부의 금액, 수량, 기타 기재사항을 정정할 경우 담당자의 도장을 날인함

ⓑ 예산의 전용

○ 법인의 대표이사 및 시설장은 관 항 목간의 예산을 전용할 수 있음

- 다만, 법인 및 시설(소규모 시설은 제외)의 관간 전용 또는 동일 관내의 항간 전용을 하려면 이사회의 의결 또는 시설운영위원회에의 보고를 거쳐야 하되, 법인이 설치 운영하는 시설인 경우에는 시설운영위원회에 보고한 후 법인 이사회의 의결을 거쳐야 함

* 재무회계규칙 제16조(예산의 전용)에도 불구하고, 관간전용 또는 동일관내의 항간전용 시 이사회의결 또는 시설운영위원회 보고를 거쳐야 함. 다만, 결산시에는 동 규칙 제20조(결산보고서에 첨부해야 할 서류)에 따름

* 소규모 시설은 국가지자체법인 이외의 자가 설치 운영하는 시설 중 거주자 정원이나 일평균 이용자가 20인 이하인 시설을 말함

- 관·항간 예산을 전용한 경우에는 관할 시 군 구청장에게 결산보고서 제출할 때에 과목 전용조서를 첨부하여야 함

※ 보조금예산의 경우, 타 법령 또는 보조금 지원기준 등에 따라 보조금 지원 주체가 전용을 제한할 수 있으며, 법인 및 시설은 이에 따라야 함

○ 동일 항내 목간전용은 법인 대표이사 및 시설의 장이 전용 가능함

○ 예산총칙에서 전용을 제한하고 있거나, 예산 심의 과정에서 삭감한 관항 목으로는 전용하지 못함

ⓒ 수입 관리

○ 운영비는 계정별 통장을 별도로 구비하여 관리함

– 정부보조금 통장(운영비와 지자체 급식비 분리 운영), 후원금 통장, 법인 전입금 및 자체 부담금 통장, 이용료 통장, 퇴직금 적립 통장 등)을 별도 구비하고, 법인 후원금 통장을 제외한 모든 통장은 시설명(또는 시설명+ 시설장명 병기)으로 만들어야함

○ 수입금은 금융기관에 예치하며, 수납한 수입금은 그 다음날까지 금융기관에 예입 하여야 함

– 시설정보시스템에 입금내역을 입력하고 수입결의서를 출력하여 보관함

ⓓ 지출 처리

* 지출 절차

○ 예산의 지출은 당해년도 예산범위 내에서 집행함

○ 예산 집행시 집행품의서를 작성하여 시설장의 결재를 받은 후 집행함

– 지출결의서를 통해 집행의 결과로 회계처리와 집행금액, 집행일자와 영수증 등을 첨부하여 그 결과를 다시 시설장에게 결재 받음

○ 지출은 예금통장에 의하거나 전자거래기본법 제2조 제5호 에 따른 전자거래로 행하여야 함

– 다만, 긴급 상황을 비하여 상용 소액경비의 지출을 위하여 100만원 이하의 현금 보관이 가능함

○ 사회복지시설 정보시스템에서 지출내역을 입력한 후 지출결의서를 출력하고 지출증빙서(계산서, 세금계산서, 신용카드 매출전표와 영수증 등)를 첨부하여 보관함

○ 지출은 예금통장에 의하거나 전자거래기본법에 의한 전자거래로 행함

– 상용경비 또는 소액의 경비 지출이라도 1만원 이상 지출시 신용카드를 사용하거나 현금영수증을 발급받아 지출

※ 현금영수증 발급이 가능한 곳(가맹점)에서는 1원 이상 집행시 현금영수증 발급 가능
- 지역특성상 신용카드 사용이나 현금영수증 발급 등이 현실적으로 어렵다고 시 군 구청장이 인정하는 경우에 한해 간이영수증 또는 현금지출이 가능하며, 이 경우에도 그 확인이 가능한 증빙서류 구비
- 농어촌지역이나 카드 미가맹점인 경우에는 5만원이상 집행 시 온라인(On-line) 입금 활용하고, 그 확인이 가능한 증빙서류 구비

③ 인건비 지출
○ 급여대장에 급여, 상여금, 제수당, 퇴직적립금, 사회보험부담비용, 기타 후생경비 등을 함께 적고 지출결의도 한 번에 함
- 급여대장을 작성하면 집행품의를 생략할 수 있음
○ 인건비는 개인별 통장입금을 원칙으로 함
- 인건비 지급시 종사자 보수에 한 근로소득세, 주민세, 국민연금보험료, 국민 건강보험료, 고용보험료 등을 원천징수함
- 원천징수 공제액은 예수금통장을 별도로 만들어 관리하고, 각각 납입시기에 맞춰 해당기관에 납입하여야 함
- 위의 근로소득세, 주민세 및 사회보험부담금은 사회복지시설정보시스템을 활용해 자동계산하며, 세금납부는 국세청홈텍스를 이용하여 납부함

④ 물품 구입
○ 모든 물품구입은 지출품의에 의거 구입토록 하고 영수증(세금계산서)을 필히 받아 첨부함
○ 내구연수 1년 이상, 물품가액 10만원 이상의 비품을 구입할 때는 비품관리장에 등재 후 사용하여야 함 (소모성 물품은 제외)

⑤ 공공요금 지출
○ 공공요금은 집행품의를 생략가능하며, 청구서에 의하여 지출하고 지출

결의서에 영수증을 첨부함

⑥ 반납(여입)결의서
○ 과오납된 수입금은 수입한 세입에서 직접 반환함
○ 이미 수입 또는 지출처리가 된 금액의 일부 또는 전부를 다시 원래 과목
　에 넣어 처리할 경우 수입 또는 지출결의서에 마이너스(−) 처리(수기 장
　부의 경우 붉은색으로 기록)하여 다시 삽입함.
○ 과오납된 수입금이 발생한 경우에는 세출예산에 구애됨이 없이 당해년
　도 세입으로 반환할 수 있음

⑦ 세입 세출 외 현금
○ 지역아동센터 운영 시 수입금으로 볼 수 없는 현금 발생 시에는(예: 인
　건비 지급 시 종사자 보수에 한 소득세, 주민세 등 원천징수액, 건강보험,
　국민연금 부담금 등 인적공제액과 같이 해당기관 납입 전 현금을 보관해
　야 하는 경우 등) 일시 보관 현금을 다시 세입예산에 편입할 수 없으므로,
　지출원이 임의로 관리하지 말고 세입 세출 외 현금(예수금)으로 관리함
○ 세입 세출 외 현금은 일반예산 통장과는 별도 통장을 개설해 관리함
− 세입 세출 외 현금을 예금함으로써 생기는 이자는 계약에 정한 것을 제외
　하고는 시설 수입에 편입함

⑧ 결산 − 세입 세출 결산 의무
○ 지역아동센터는 매 회계연도 말에 결산을 의무적으로 실시함
○ 시설의 장은 회계연도가 종료하는 경우 다음 연도 3월 31일까지 세입 및
　세출 결산서를 시 군 구청장에게 제출함. 법인의 경우 이사회의 의결을
　거침
○ 시 군 구청장은 제출받은 시설의 회계별 세입 세출 예산개요를 지자체 홈
　페이지 등에 공고하고, 법인의 경우 동시에 법인 홈페이지 등에도 공고함

- 결산방법

○ 결산은 세입 세출을 예산의 과목별로 세분하여 실시함

○ 결산금액단위는 10원 미만은 절사함

○ 정부보조금 사용 잔액은 연말 결산 시 반납조치토록 하며, 기타는 익년도에 이월 하여 사용함

○ 시설보강사업(신축, 증축, 개축, 개보수) 정산보고서는 건물등기부등본, 건축물관리 장 및 완공건물 사진 등을 첨부하여야 하며, 장비 구입시는 구입물품 명세서를 첨부하여야 함

○ 보고서 작성시 작성자의 직 성명을 기재하고, 시설장 직인과 실인을 날인하여야 함

(12) 지역사회자원 활용 및 네트워크 구축

① 재원의 부분을 정부와 지자체 보조에 의존하고 있는 지역아동센터는 지역사회로 부터 필요한 자원을 투입 받아 자원을 다양화시키는 지역사회 자원개발이 필요

② 지자체 및 지역아동센터는 지역사회 자원 활용을 위한 네트워크를 적극 구축하여, 지역사회 인적자원(자원봉사자 등) 및 물적 자원(후원 등)을 적극 활용하여 아이들의 성장에 의미있게 활용될 수 있도록 방안을 강구하여 시설 운영
- 지역아동센터는 지역차원의 지원네트워크를 형성하는 주체로써, 병원, 약국, 성폭력상담소, 아동상담소, 동사무소, 파출소, 시민단체, 생활체육협회등과 함께 네트워크를 형성해 아동의 문제 상황을 총체적이고 전문적으로 해결하기 위해 노력함
- 부모, 교사, 아이들의 삶에 긴밀하게 영향을 주고받는 지역사회를 좀 더 건강한 공간으로 만들어가는 것에도 관심을 가져야 함 / 마을 공동체.

③ 지속적인 재원으로서 지역사회와의 연계를 위해 지역아동센터의 기능과 역할에 한 지역사회의 공감 형성과 투명한 운영을 통한 신뢰 확보는 필수적임

(13) 후원자 후원금

지역아동센터 후원자 발굴에 대해 적극적인 자세와 지속적인 관리를 통해 안정 적인 지원체계를 수립함

① 후원활동의 방향

○ 기관 운영의 건전한 기반을 위해서는 다수의 후원자들로 구성함
○ 후원자들에게는 선택의 기회를 넓혀야 함
○ 기부금 사용의 투명성과 윤리적 모금활동을 함

② 후원자 개발

○ 지역아동센터 프로그램별 관심대상을 파악하여 후원모집을 함
○ 지역아동센터 이사회, 운영위원, 시민단체, 교육기관, 보건의료기관 등 아동과 밀접한 관계가 있는 자 또는 단체가 후원체계의 기반이 됨
○ 학부모모임, 사업지원기관 등 지역아동센터 활동에 관심을 가진 지역 내 연합 집단 및 기업의 복지재단, 지역 사회복지공동모금회, 기타 후원단체 등이 후원자의 대상이 됨

③ 후원금

㉠ 후원금 정의
○ 후원금품은 아무런 대가 없이 무상으로 받은 금품 또는 기타의 자산으로 수입 지출 내용과 관리에 명확성이 확보되도록 함(사회복지사업법 제45 조 제58조)
㉡ 후원 제한
○ 지역아동센터 이용 아동 부분이 취약계층 아동이므로 이용아동 및 아동 의 보호자로 부터의 후원금(물품)은 가급적 지양
㉢ 후원금 영수증 발행 등
○ 사회복지법인 및 사회복지시설 재무회계규칙 제41조의4 에 의해 법인의

표이사와 시설의 장은 후원금을 받은 때에는 소득세법 시행규칙 제101조 제20호의2 에 따른 기부금 영수증 서식 또는 법인세법 시행규칙 제82조 제7항 제3호의3 에 따른 기부금 영수증 서식에 따라 후원금 영수증을 후원자에게 즉시 발급하여야 하며, 영수증 발급목록을 별도의 장부로 작성 비치

- 시설에서는 후원금 수입사용 결과를 일괄 확인할 수 있는 별도의 후원금 관리대장을 기록 비치
- 금융기관 또는 체신관서의 계좌입금을 통해 후원금을 받은 때에는 법인 명의의 후원금 전용계좌나 시설의 명칭이 부기된 시설장 명의의 계좌를 개설하여 사용 (이 경우, 후원자가 영수증을 원하는 경우를 제외하고는 영수증을 생략할 수 있음)
- 필요시에는 두개 이상의 복수통장 사용이 가능함(시·군·구청장에게 사용하고자 하는 후원금 전용계좌 사전 신고)
- 법인 및 시설의 후원금 전용계좌는 반드시 각각 구분하여 사용하고, 구분된 사실을 후원자에게 사전에 반드시 안내 ※ 법인 산하의 시설이더라도 법인의 후원금 전용계좌와 별도로 시설 고유의 후원금 계좌를 두어야 함('12.6 감사원, "사회복지시설 후원금 등 관리실태" 감사 지적사항)

④ 후원금 관리
○ 후원금 사용기준은 사회복지법인 및 사회복지시설 재무 회계규칙을 준용함
○ 법인의 대표이사와 시설의 장은 후원금을 후원자가 지정한 사용용도외의 용도로 사용하지 못함
- 다만, 지정후원금의 15%는 모금 홍보 및 사후 관리비용으로 사용 가능함
○ 후원자가 사용용도를 지정하지 않은 비지정 후원금은 법인운영시설과 개인 운영 시설에 관계없이 간접비 집행은 50%를 초과하지 못함
후원금 관리장에 그 금액 지원내역 등을 기록하여 비치함
○ 후원금의 수입 및 지출은 예산의 편성 및 확정절차에 따라 세입 세출예

산에 편성 하여 사용함

O 사회복지법인 및 사회복지시설 재무 회계규칙 제19조, 제20조, 제41조 의6에 의해 법인의 대표이사와 시설의 장은 회계연도 종료 후 다음연도 3월 31일까지 후원금(품)에 한 수입 및 사용 내역을 시설정보시스템에 입력하고, 후원금 수입 및 사용결과 보고서(전산파일 포함, 사회복지재무회계규칙 별지 제19호 서식)를 관할 시 군 구청장에게 제출하여야 함

− 지자체는 시설정보시스템을 통해 온라인 보고된 후원금(품)에 한 사용내역을 행복e음에서 확인 후 승인 처리하여야 함

O 시 · 군 · 구청장은 제출받은 후원금의 수입 및 사용결과 보고서를 제출받은 날로부터 20일 이내에 인터넷 등을 통하여 3개월간 공개하고, 같은 기간 동안 법인의 대표이사 및 시설의 장도 후원금 수입 및 사용결과보고서를 법인 및 시설의 게시판과 인터넷 홈페이지에 공개하여야 함 ※ 단, 후원자 성명(법인의 경우 그 명칭)은 공개하지 말 것 ※ 후원금 보고공개가 미흡하므로 후원금수입 및 사용결과 보고 및 공개 업무 철저 필요 ('12.6 감사원, "사회복지시설 후원금 등 관리실태" 감사 지적사항)

O 법인의 대표이사와 시설의 장은 연1회 이상 해당 후원금의 수입 및 사용내용을 후원금을 낸 법인 단체 또는 개인에게 통보하여야 함. 이 경우 법인이 발행하는 정기간행물 또는 홍보지 등을 이용하여 일괄 통보할 수 있음

(14) 자원봉사자 관리(VMS-자원봉사 인증센터)

○ 자원봉사자 관리는 지역아동센터의 기본 활동으로, 자원봉사자 관리의
   체계화는 자원봉사자를 지역아동센터의 중요한 인적자원으로 활용할 수
   있도록 함

(15) 홍보

실 습 일 지

실습일시	년 월 일	실습 기관명	
실 습 생		실습횟수	회
실습생 소속		실습지도자	(인)

실습일정	: ― :		
	: ― :		
	: ― :		
	: ― :		
	: ― :		
	: ― :		
	: ― :		

실습 내용	

실습생 소감 및 의견	

Supervisor Comment	

실 습 일 지

실습일시	00년 00월 00일	실습 기관명	@@지역아동센터
실 습 생		실습횟수	총 * 회 중 * 회
실습생 소속		실습지도자	(인)
오늘의 목표	실습 OT 및 지역아동센터의 이해		
실습일정	09:00~10:00 회 의 진 행		
	10:00~12:00 실습 OT (실습방향 및 계획안내)		
	12:00~13:00 점심식사 / 청소		
	13:00~19:00 학습지도 및 위생지도		

실습 내용 (시간, 활동 및 진행내용 등을 구체적으로 기록)	◈ 09:00~10:00 회의 진행 매월 첫째주 월요일은 5개 기관이 모여 회의가 진행되었다 **지역아동센터, *** 집(그룹홈), 000지역아동센터, △△△지역아동센터 도서관 등에 대하여 알게 되었다. 3월 진행예정된 프로그램 사전 브리핑과 예산에 대한 회의가 진행되었다. ◈ 10:00~12:00 실습 OT(실습방향 및 계획안내) 시설, 소개 및 프로그램, 실습활동, 타기관 견학등에 대한 교육일정을 안내받았 다 오전시간은 사회사업, 지역아동센터 실무, 동영상시청, 타 복지기관방문등의 이론교육을 진행하고 오후에는 클라이언트(지역아동센터 이용 아동)에 대한 지 도 및 교육, 돌봄 업무를 수행해야함을 안내받았다. ◈12:00~13:00 점심식사/ 청소 ◈13::00~14:00 방과후 학습지도 및 위생지도 12시 30분시부터 하교하는 클라이언트의 출석체크(자동화된 카드시스템)를 돕 고 가정통신문과 알림장을 확인하여 과제수행을 도왔다.  매월초 5개기관 협력회의

실습생 의견 (배운 점, 의문사항, 건의 등)	매월 첫째주 월요일은 행복한사람들 산하 지역아동센터 및 그룹홈 시설이 모여 회의를 진행하는데 클라이언트에게 더 많은 것을 지원할 수 있도록 예산집행 및 프로그램 진행에 대해 구체적으로 공유하고 마음을 다지는 모습속에서 사회복지사의 사명감에 대해 다시한번 생각 하게 되었고 도전이 되었다.
실습지도자 의견	

사회복지 실습일지

20** 년 *월 **일 (목요일)		결재	실습생	실습지도자	기관장
출근시간	10시 00분		퇴근시간		19시 00분
지시사항					

실습일정	시간	실습내용	실습담당자
	10:00 ~ 10:30	준비	최00
	10:30 ~ 11:30	실습전반에 대한 실무교육	
	13:00 ~ 19:00	실습전반에 대한 이론교육	
	12:30 ~ 1:30	점심 식사	
	1:30 ~ 2:30	영화감상(제보자)	
	2:30 ~ 3:30	영화감상(제보자)	
	3:30 ~ 5:30	학습활동 지원	
	5:30 ~ 7:00	교육 '사회사업' 강의10	최00

실습내용	**10:00 ~ 10:30 (준비)** 하루 진행 되어질 일정에 대하여 의견을 나누고 각 부분별 준비 사항들에 대하여 점검 시간을 가졌다. **10:30 ~ 12:30 (실습전반에 대한 안내: 사례관리)** 10. 지역아동센터 사례관리 1) 사례관리의 정의 지역아동센터를 이용하는 개별 아동의 욕구 및 특성에 따라 지역아동센터의 서비스뿐 아니라 지역사회 서비스를 개발하고 연계하여 개별 아동에게 맞춤형 서비스를 제공하는 것으로 이용 아동 전체를 대상으로 진행 2) 사례관리의 필요성 지역아동센터는 지역사회 내 방과 후 돌봄이 필요한 아동의 건강한 성장을 위해 종합적인 복지서비스를 제공하는 아동복지 이용시설로 아동 맞춤형 복지서비스를 제공 필요 3) 사례관리의 방법 – 지역아동센터 이용은 아동 전체를 대상으로 사례관리 실시 – 사례관리 조결은 사례관리 서비스 제공을 마치는 단계로, 사례관리를 받던 아동이 지역아동센터 이용을 종료하는 것을 의미 – 사례관리는 시설정보시스템을 활용하여 기록 및 관리

실습 내용	**1:30 ~ 3:30 (영화감상 '제보자')** 줄기세포 연구를 통해 일약 국가적 영웅으로 떠오른 이장환 박사, 그러나 실상은 조작에 의한 것이었다. 이박사와 함께 연구에 참여한 신민호는 국익과 진실 앞에서 고민하다 방송국 PD에게 제보를 하게 되어진다. 진실이 밝혀지기까지 많은 어려움이 있었지만 결국 진실이 승리하게 되어진다. 신민호는 폭로로 자신이 지금껏 쌓아온 모든 것을 잃을 수 있는 상황이지만 난치병을 앓고 있는 딸 앞에 떳떳한 아빠가 되고자 제보를 한다. 반면에 언론사 경영진 등은 부당한 압력에 굴복하고 사실을 덮으려 하였다. 내가 사회복지사로 일할 시 부당한 압력이 들어왔을 때 나는 과연 진실을 지키기 위해 희생을 감당할 수 있겠는가? 라는 질문을 해 보았을 때 자신 있게 대답하기가 어려웠다. 그러나 어렵겠지만 희생을 감수하더라도 진실편에 서야겠다고 다짐하는 좋은 시간이 되었다. **3:30 ~ 5:30 (학습 활동 지원)** 방가 후 오기 시작한 학생들을 맞이하였다. 학습전담 선생님께서 학생을 지도하시는데 손길이 미치지 못하는 경우에 학생들의 학습을 도왔다. 담당 선생님에게 누가 되지 않도록 지혜가 필요하였다. **5:30 ~ 7:00 (교육: 사회사업가의 역할)** 사회사업가의 6가지 역할로 ① 주선하는 사람 ② 거들어 주는 사람 ③ 함께하는 사람 ④ 주게 하는 사람 ⑤ 발로 일하는 사람 ⑥ 구슬 꿰는 사람임을 배우게 되었다.
실습 과제	
실습생 의견	사회사업가의 역할을 공부하면서 내 자신 선교사업을 하면서 선교전략가에 대한 관심이 많았는데 그것의 역할과 일맥상통하는 것을 알 수 있었다. 사회사업가는 당사자와 지역사회가 복지를 이루도록 조정자 역활을 하는 것이라 생각 되어진다. 그 역할을 잘 하기 위해서 복지사는 당사자와 지역사회에 대한 철저한 이해와 필요를 알고 그들 스스로의 능력을 최대한 이끌어 내어 잘 할 수 있도록 돕는 것이다. 또한 부족한 당사자의 자원을 공급하기 위하여 각종 자원을 파악하고 그것들과 연계하여 당사자와 지역사회의 필요를 채울 뿐 아니라 자원을 가진 분들에게 삶에 이미와 보람을 갖게 하는 것이다.
슈퍼 비전 내용	

나는
사회복지사로
살기로 했다
- 사회복지 Q&A 153 -

초판 1쇄 발행 _ 2018년 7월 5일

지 은 이 _ 최형묵
펴 낸 이 _ 유성헌
펴 낸 곳 _ 하야Book
책 임 편 집 _ 전민주
교   정 _ 유한나, 조신규
디 자 인 _ 이현종

주소 _ 서울 양천구 신월7동 995-7번지 302호
주문 및 문의 전화 _ 070-8748-4435, 010-2811-4435
팩스 _ 02-2065-6151
하야BOOk 계열사 _ 하야방송 www.ichn.or.kr

출판 등록일
ISBN 978-89-968031-9-5

하야Book은 문서사역을 통해 하나님의 나라를 확장하고 복음전파를 통해 하나님 말씀으로 사람을 살리는 일을 하고자 설립된 출판사입니다. 하야(Chayah)의 뜻은 히브리어로 '살다, 회복시키다, 구원하다, 소생하다, 부흥하다'의 의미가 있습니다.